新一代信息技术下的营销战略变革

康 俊 著

NEW-GENERATION
INFORMATION TECHNOLOGIES AND STRATEGIC MARKETING REFORM

经济管理出版社
ECONOMY & MANAGEMENT PUBLISHING HOUSE

图书在版编目（CIP）数据

新一代信息技术下的营销战略变革/康俊著 . —北京：经济管理出版社，2022.6
ISBN 978-7-5096-8491-7

Ⅰ.①新…　Ⅱ.①康…　Ⅲ.①信息技术—应用—市场营销学—研究　Ⅳ.①F713.50-39

中国版本图书馆 CIP 数据核字（2022）第 099571 号

组稿编辑：韩　峰
责任编辑：韩　峰　郭　飞
责任印制：黄章平
责任校对：王淑卿

出版发行：经济管理出版社
　　　　　（北京市海淀区北蜂窝 8 号中雅大厦 A 座 11 层　100038）
网　　址：www. E-mp. com. cn
电　　话：（010）51915602
印　　刷：唐山昊达印刷有限公司
经　　销：新华书店
开　　本：720mm×1000mm/16
印　　张：13.25
字　　数：163 千字
版　　次：2022 年 6 月第 1 版　　2022 年 6 月第 1 次印刷
书　　号：ISBN 978-7-5096-8491-7
定　　价：68.00 元

前　言

新一代信息技术是支撑我国数字经济发展的重要基础设施。2022 年 1 月，习近平总书记在《不断做强做优做大我国数字经济》一文中指出"互联网、大数据、云计算、人工智能、区块链等技术加速创新，日益融入经济社会发展各领域全过程，各国竞相制定数字经济发展战略、出台鼓励政策，数字经济发展速度之快、辐射范围之广、影响程度之深前所未有，正在成为重组全球要素资源、重塑全球经济结构、改变全球竞争格局的关键力量"。国务院发布的《"十四五"数字经济发展规划》也提出要深化新一代信息技术集成创新和融合应用，加快平台化、定制化、轻量化服务模式创新，打造新兴数字产业新优势。

新一代信息技术的快速发展与商业应用正推动企业营销的变革，既带来了营销创新的机遇（如营销科技、平台模式、数据中台、大数据营销、营销生态系统等），也给营销活动带来了新的挑战（如多边市场、数据隐私、营销合规、营销数字化转型、营销基础设施等）。探索如何抓住发展机遇，使营销更好地适应数字经济时代的要求，成为营销管理者的一项战略性任务，也是本书的写作初衷之一。

本书共分为五章，每章主要内容如下：

第一章为信息技术与营销战略变革，提出一个认识新一代信息技术如何影响营销战略的分析框架。本章通过对近年来相关文献的梳理，提出新一代信息技术对企业营销战略的直接影响，具体体现在三个方面，即营销外部环境变革、营销能力变革与营销组织架构变革，进而对营销战略过程中的各项活动产生影响。后续各章围绕若干具体的营销环境、营销能力、营销组织变革因素进行专门论述。

第二章为开放式营销，提出企业在技术驱动营销的背景下应采用开放式营销模式。本章认为营销科技的发展与应用加剧了营销生态系统的复杂性；营销生态系统是数字化时代营销战略的立足点、营销执行的着力点、营销价值的落脚点。企业应当立足于营销生态系统，采用开放式营销的心态来思考当下的营销决策，构思未来的营销创新。

第三章为平台企业的顾客管理，分析平台企业在管理双边顾客时的主要任务与典型策略。平台经营思维要求企业营销从传统单边顾客管理转向双边（多边）顾客管理。本章提出了平台企业顾客获取、顾客维系与顾客治理过程中的主要策略，并探讨了平台企业顾客管理面临的监管性挑战、市场性挑战和竞争性挑战。

第四章为营销的数据合规，聚焦数据这一关键要素，探讨数字营销的数据合规问题。本章提出，狭义的营销数据合规是指营销对数据的应用应符合法律与政策的要求，广义的营销数据合规是指营销数据的应用应创造社会层面的价值，侧重于营销数据的社会责任。本章针对两个层面的营销数据合规提供了管理建议，并专门探讨了营销数据中的隐私问题。

第五章为数字时代的营销基础设施，提出新一代信息技术背景下的营销战略应重视营销的技术性基础设施和组织性基础设施的升级。本章探讨了两类营销技术性基础设施（数据中台技术与数据编织架构）对营销业务的组织与未来营销数据管理的影响，以及营销组织性基础设施的变革与领导力问题。

本书从以上五个方面对新一代信息技术背景下的营销战略变革进行了初步探讨，以期为数字时代的营销管理者和研究者思考与探索数字经济背景下的营销创新路径提供参考。

目　录

第一章　信息技术与营销战略变革

第一节　新一代信息技术的营销应用

新一代信息技术（New-generation Information Technologies）产业作为我国战略性新兴产业之一，在推动我国数字经济高质量发展与企业数字化转型中发挥着重要作用。以人工智能、区块链、云计算、大数据、物联网、第五代移动通信等技术为代表的新一代信息技术日益成熟并快速商业化，改变了企业的技术环境、业务模式及组织形态，对营销战略的理论与实践提出了新挑战。

一、新一代信息技术推动营销变革

Kotler 等（2021）在《营销 5.0：科技造福人类》一书中指出，新一代信息技术的应用已成为当下企业营销战略实践变革的最主要特征之一，具体体现在基于大数据制定更明智的决策、预测营销战略和策略结果、将数字化体验引入实体世界、增强一线营销人员传递价值的能力，以及加快营销执行流程。

营销战略变革是指企业为适应营销环境变化，对产品、市场、营销活动及营销资源等关键决策做出的综合性调整（Varadarajan，2015）。新一代信息技术与营销战略的融合促使企业快速感知外部环境变化，并对企业的营销业务流程及组织架构进行适应性调整，以实现企业数智化、生态化、柔性化和赋能化的全过程动态管理（中国社会科学院工业经济研究所课题组，2021）。例如，快速识别顾客需求、调整产品开发流程、创新顾客互动方式、强化企业间合作、改进营销绩效评价方案等。

然而，企业投资于新一代信息技术项目的实际效果也受到了实践界的质疑，有待于进一步明确其影响企业绩效的途径与方式。

二、两类研究视角

现有研究从两类不同的视角对新一代信息技术下的营销战略变革进行了理论探索。一类是技术应用的视角。早期的一些研究基于技术特征剖析了某项新一代信息技术在营销情境中的应用前景；近年来的一些研究延续了这种视角，对比考察了若干类新一代信息技术在营销实践中的作用。另一类是作用机制的视角，旨在探讨新一代信息技术对营销管理过程和活动的影响机制。本书的附录 A 展示了这两类相关研究及其主要结论。

总体来看，虽然立足于技术视角的分析描绘了新一代信息技术在营销及管理决策中的应用场景，但仅有少数研究（Kannan 和 Li，2017；陈冬梅等，2020）尝试基于作用机制的分析视角，探索新一代信息技术对营销战略的影响。换言之，现有研究尚未系统回答：①新一代信息技术如何对企业营销战略产生影响？②企业营销战略的制定与实施应如何响应新一代信息技术所带来的变化？

事实上，已有研究指出，支撑数字市场空间中营销变革的理论基础并不是技术本身，而是技术所引发的各类市场主体在数字市场空间中的变化，这是营销研究应该关注的重点（Yadav 和 Pavlou，2020）。

三、本章分析框架

本章立足新一代信息技术作用机制的分析视角，提出新一代信息技术对营销战略的直接影响体现在三个方面，即营销外部环境变革、营销能力变革和营销组织架构变革。基于对各相应维度上的新变化与新发展的总结，提出了在这三种变革力量推动下的营销活动变革方向。新一代信息技术对营销战略影响的分析框架，如图 1-1 所示。

这一发现的主要贡献是得出了新一代信息技术对营销战略的影响是多方位的，它不仅改变了营销外部环境（拉动效应），提升了营销能力（推动效应），推动了营销组织架构变革（催化效应），还推动了营销活动变革。这不仅为推动企业快速顺应数字化发展趋势、提升其适应性竞争能力提供了实践指引，而且为未来探索新一代信息技术背景下的营销战略创新提供了研究参考。本书的附录 B 总结了针对新一代信息技术对营销战略各项具体影响的相关研究。

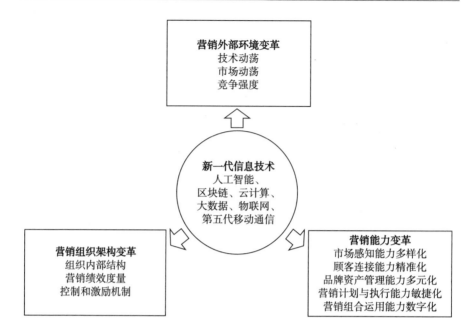

图1-1 新一代信息技术对营销战略各项影响的分析框架

资料来源：康俊，刁子鹤，杨智，等．新一代信息技术对营销战略的影响：述评与展望 [J]．经济管理，2021（12）：187-202．

第二节 营销外部环境变革

营销外部环境（External Marketing Environment）是指影响企业营销活动的外部因素总和，其对营销战略的影响可从技术动荡、市场动荡及竞争强度三个方面进行刻画（Jaworski 和 Kohli，1993）。

一、技术动荡

技术动荡是指某一行业内技术更新的速度（Jaworski 和 Kohli，1993）。企业为抓住新兴信息技术下的发展机遇，尝试将各项技术与企业营销业务相融合，基于多种技术的交叉应用，为企业发展创造有利的技术环境。

（一）营销的技术基础正在重构

通信类信息技术（物联网和5G）扩展了企业供给物的架构技术。企业提供给顾客的不再是单一的产品或服务，而是能与其他产品或服务互联互通的供给物或平台（Ramaswamy 和 Ozcan，2018）。计算类信息技术（大数据、机器学习和云计算）升级了企业与顾客的交互技术（Kumar 等，2016）。基于数据资源与智能化分析的企业与顾客之间以及顾客与顾客之间的交互已呈现出自动化、精准化、可实时监控等新特点（Shrestha 等，2021）。人机交互类信息技术（人工智能、可穿戴设备、虚拟/增强现实）拓展了顾客的体验设计技术。顾客对企业的体验触点已从线下的有限实体拓展到了数字空间（Hoyer 等，2020）。安全类信息技术（区块链）创新了企业与顾客的交易技术。基于区块链技术，顾客不仅可以同时作为生产者和消费者进行分布式交易，而且可以更安全地进行数字化产品（如数据、电子著作等）的交易（Gaur 和 Gaiha，2020）。此外，各类新一代信息技术之间的相互关联也正在加剧企业重构营销技术基础的复杂性。例如，企业各模块制造设备及管理单元之间的互联共享需借助物联网及高传输速度的5G 技术搭建桥梁（Kaartemo 和 Nyström，2021）。再如，基于新一代信息技术的快捷有效计算、预测和服务不仅需要人工智能技术的算法优化及云计算服务，也需要量大多源的大数据提供数据基础（姚凯等，2018）。

（二）营销决策过程更强调数据化

数据分析是科学营销决策方式的基础。新一代信息技术的应用使营销决策可基于更丰富的数据来源（输入阶段）、更智能的数据分析（分析阶段）和更精准的数据决策（决策阶段）。在数据输入阶段，大数据技术可将企业内外部产生的结构化数据（如交易记录、文件报告等标准化数据）和非结构化数据（如评论信息、视频、图像、音频等非标准化数据）转化为可供企业管理的知识和信息（Erevelles 等，2016）。在智能分析阶段，机器学习、自然语言处理及神经网络等智能算法可结合营销决策内容对所识别及收集的数据进行提取、加工和分析（Paschen 等，2019）。最终，在决策输出阶段，企业可基于大数据分析的预测及决策功能，在产品优化、顾客管理、营销组合设计及组织结构调整等方面，制订有效的营销方案（Wedel 和 Kannan，2016；Pantano 和 Pizzi，2020）。

（三）营销业务数字化转型加速

新一代信息技术的应用促进了营销分析方法（Marketing Analytics）与营销科技（Marketing Technology，也称 Martech）的快速发展与商业应用，从而加速了营销业务数字化转型的进程。营销分析是指通过收集、管理和分析多类型的数据，以洞察营销绩效、优化营销工具效用及企业投资回报率的一系列过程及手段（Wedel 和 Kannan，2016）。它借助数据、自动化等营销工具，使企业能基于对顾客关系管理、个性化营销、营销组合及隐私和安全等方面的实时绩效评价做出营销决策。营销科技泛指用以收集和分析市场信息的各类技术基础设施与流程，营销管理者及团队可借助营销科技识别广告与促销、内容与体验、社交与关系、商务与销售、数据、管理等领域的新发展机会，并为其开展数字化营销提供技术保障与决策支持（Kalaignanam 等，2021）。需要看到的是，营销分析和营销科技的发展已成为营销业务数字化转型的加速器，但它们也增加了营销管理者在技术投入时的资金压力、知识压力和人才压力（Brinker 和 Mclellan，2014）。

二、市场动荡

市场动荡是指企业客户构成结构及其需求偏好的变化比率（Jaworski 和 Kohli，1993）。新兴信息技术的应用扩大了顾客的消费范围及选择权利，促使企业以消费者为中心，根据消费者旅程满足顾客多样化及个性化需求，为其提供认知、情感及社交多元消费体验。

（一）消费者对多元化和个性化体验的需求增强

新一代信息技术的应用进一步凸显了消费者在认知、情感及社交三个方面的体验需求（Grewal 等，2020；Hoyer 等，2020）。例如，智能算法（新一代信息技术的计算性能）可协助消费者处理客观信息（如对比产品质量），并为其提供个性化决策意见（如推荐理财产品），从而增强消费者的认知体验（Bleier 等，2019；吕巍等，2020）。智能服务机器人借助语音识别系统及自然语言处理工具（新一代信息技术的感知性能）可识别并判断消费者态度及情绪，通过向其传递共情感知信号，强化消费者的情感体验（Huang 和 Rust，2018；张雁冰等，2019；Gelbrich 等，2021）。智能聊天助手（新一代信息技术的互动性能）不仅能模仿销售人员的沟通语言，还可判断并支持消费者偏好，为其提供个性化服务并建立社会性关系，以强化消费者的社交体验（Pantano 和 Pizzi，2020；Puntoni 等，2021）。

（二）消费者对全消费旅程的服务期望提高

在购买前，消费者可通过多种渠道获取产品信息。消费者倾向于在社交媒体及产品网站中获取有关享乐型产品的消息，而在搜索引擎、第三方评论及竞争产品网站中获取有关功能型产品的信息。企业可利用社交网络分析技术描绘顾客画像,通过市场及企业驱动的数字化沟通工具(如社交媒体、搜索引擎、自媒体等),实时追踪消费者需求,为其提供有价值的产品及促销信息,以培育消费者的潜在价值(Qin 和 Jiang,2019;Vieira 等,2019)。在购买时,企业运用人工智能设备(如可提供自拍服务及穿搭建议的试衣镜、营造沉浸式购物环境的 VR 眼镜),可模拟视觉、听觉、味觉、触觉和嗅觉等多感官的体验形式,通过营造沉浸感、空间感和情境感的购物环境,从而增强消费者功能性及社会性购物体验(Grewal 等,2020;Wedel 等,2020)。在购买后,基于网络化和智能化的技术产品可根据消费者的评价反馈,不断优化产品性能,实现产品和服务技术的升级(如无人驾驶系统的更新迭代),从而使企业与消费者之间的关系变得持久(Porter 和 Heppelmann,2015)。

(三)消费者对负面体验的担忧加剧

新一代信息技术虽可满足消费者需求并改善其购物体验,但智能机器的外形特点及算法程序的局限性也可能会给消费者带来负面影响。首先,新一代信息技术虽具有拟人化特性,但其情感感知系统尚不完善,会使消费者认为其缺乏同理心并产生"恐怖谷"效应(Luo 等,2019;张雁冰等,2019);同时,智能机器外在形态的怪异性及对人类身份的威胁性可能会使消费者产生不舒适感(Mende 等,2019)。其次,智能机器人的心智模式与人类不同,在与消费者互动的过程中,可能会出现算法歧视、道德判断失误及违背社会规范等风险(Libai 等,2020)。最后,企业借助新一代信息技术捕获消费者身份及行为信息,以支撑企业产品及服务的优化运营,这可能会使消费者丧失对数据的控制权,从而引发其对个人敏感信息的隐私担忧(Cui 等,2021;Puntoni 等,2021)。因此,企业应通过及时披露技术应用场景、滞后消费者信息收集阶段等适当方式，尽力抑制因新一代信息技术的局限性所产生的负面影响（Aiello 等，2020；De Bruyn 等，2020）。

三、竞争强度

竞争强度通常是指同行业内各企业之间的竞争程度（Jaworski 和 Kohli，1993）。新兴信息技术变革不仅加速了技术产品的更新换代，也重塑了市场的竞争焦点及竞争格局。

（一）竞争焦点转向产品创新和营销生态系统

与之前以业务流程自动化（如自动支付）和以产品生产集成化（如整合全球供应链）为特征的信息技术革命不同，新一代信息技术更强调企业技术性能的创新（如可穿戴智能设备、智能机器人等）和产品生态系统（如智能家居系统）的运营与维护（Porter 和 Heppelmann，2014）。企业可利用新一代信息技术或数字化驱动的营销战略（如数字化顾客导向）重构组织间合作网络关系，加强企业与供应商、合作伙伴、竞争者等各利益相关者之间的互动与关联，从而构建可持续的合作生态系统，以应对复杂的外部竞争环境（Kopalle 等，2020）。例如，基于区块链的分布式智能生产网络可构建多方利益相关者平等参与的商业生态系统，以实现企业资源的整合及价值创造（朱晓武，2019）。

（二）市场竞争格局逐步重塑

基于新一代信息技术的领先企业利用技术及顾客网络资源，通过"赢者通吃"效应拓展经营边界，展示出可颠覆传统行业与企业的跨界竞争态势和多维竞争优势，以巩固其在行业内部的领导地位（Cennamo 等，2020）。例如，腾讯借助成熟的音视频通信技术提供云视频会议解决方案，并依靠庞大的顾客规模快速抢占市场。另外，传统制造型企业凭借成熟的产品生产流程及资金积累，率先完成数字化及智能化转型，以巩固原有市场的竞争地位（Björkdahl，2020）。例如，美的通过构建以智能程序和数据为支撑的产品研发及自动化生产系统，极大地提高了产品生产效率与企业运营能力，成为中国制造企业数字化转型的典范。

综上所述，技术基础重构、顾客需求转变及行业格局重塑等营销外部环境变革所带来的"拉动效应"是新一代信息技术影响营销战略的直接表现之一。然而，现有研究尚未深入剖析营销外部环境变革对企业经营模式的复杂影响。例如，技术、市场及竞争环境之间的动态关系对企业数字化转型的差异化影响，以及企业通过营销战略的制定与实施以应对上述环境变革的具体响应机制及其绩效影响。

第三节　营销能力变革

营销能力（Marketing Capabilities）是指企业技能及知识积累的复杂组合，是实施营销战略的关键保障，它通常表现在五个方面，即市场感知能力、顾客连接能力、品牌资产管理能力、营销计划与执行能力、营销组合运用能力（Moorman 和 Day，2016）。

一、市场感知能力多样化

在市场感知手段方面，企业可运用新一代信息技术所提供的多种渠道，适当捕获有关顾客的人口统计数据、历史浏览记录、产品购买明细及互动记录等各类信息，借助算法编程及智能机器，精准获取顾客并展开有效互动，以提升顾客管理绩效（Paschen 等，2019）。在市场感知内容方面，企业可应用新一代信息技术实时监控外部销售环境与企业内部运营的匹配程度（Porter 和 Heppelmann，2015），并将顾客需求、产品创新及顾客参与等多维度市场感知融入到企业价值链活动中，以提升企业的竞争力（Wedel 和 Kannan，2016；Gupta 等，2020）。

二、顾客连接能力精准化

在顾客获取阶段，以数据和算法为驱动的智能推荐系统是精准获取目标顾客的有效手段。企业可通过顾客画像及任务类型，将新一代信息技术融入企业内容管理平台和顾客需求平台（如基于深度学习哈希算法的相似图片推荐系统），自动识别并生成可精准匹配顾客需求的推荐方案，以提升推荐系统的胜任感及顾客对推荐内容的采纳意愿（Malthouse 等，2019；吴继飞等，2020）。与此同时，企业运用移动通信技术，将可直接访问的促销信息精准推送至处于目标环境中的移动终端设备，以实现促销信息与顾客位置的动态匹配，从而提高顾客获取效果（Fong 等，2015）。在顾客维系阶段，认知型、情感型和社交型人机互动可以在一定程度上取代易产生疲倦感的人际互动，以满足顾客信息及情感需求。Luo 等（2019）发现，聊天机器人在吸引顾客购买方面的效率可达到熟练员工的水平，相当于没有经验员工的 4 倍。此外，基于新一代信息技术的智能算法，企业可根据顾客偏好的动态变化，及时适应并调整互动过程，以持续满足顾客需求，增强顾客黏性（肖静华等，2020）。例如，人机互动可以创新企业与顾客的互动形式，通过为顾客提供新奇的购物体验，激发顾客的推荐、影响力及知识价值（Kumar 等，2019）。

三、品牌资产管理能力多元化

基于新一代信息技术而形成的超链接世界不仅提升了信息的可获得性和传播速度，而且增强了消费者与智能设备以及设备之间的互联互通。这使参与品牌价值创造的利益相关者（如顾客、员工、平台、社区等）增多，品牌由单一品牌向共享品牌转变，品牌的所有权边界逐渐模糊化；同时，还拓展了品牌的传播范围及角色用途，使品牌资产管理的任务逐渐多元化（Swaminathan 等，2020）。例如，"共建式品牌塑造模式"已用于互联网金融产品的营销，即通过金融产品的提供者（商业银行）及使用者（顾客）在网络状信息传递和共同建设品牌的基础上进行品牌塑造（谢治春，2016）。再如，在管理在线品牌社群的过程中，企业不仅需要激发社群成员更高水平的品牌互动，而且需要预防负面口碑的蔓延（Herhausen 等，2019）。

四、营销计划与执行能力敏捷化

新一代信息技术的预测和判断功能可帮助企业在营销战略制定与实施的全流程中应对新的市场竞争。新一代信息技术可以帮助企业获取大量内部运营及外部环境数据，并将其整理为可管理、可操作的信息资源（Ma 和 Sun，2020）。因此，率先完成数字化及智能化转型的企业，可以较早地制定并实施大数据驱动的营销战略决策（陈国青等，2018），优化内部业务数字化审批及运营管理流程，增强响应外部市场环境的敏捷性，加快利益相关者生态系统构建进程等（Brock 和 Von Wangenheim，2019）。此外，新一代信息技术可以融入营销战略实施的各个阶段，从而能全方位地执行和评价营销业务，并反馈业务进展。例如，工业互联网技术（IIoT）系统通过网络传感器汇集企业库存周转、员工工作效率及企业绩效等数据，可以调整并监控生产流程，以确保营销目标任务按时按量完成（Kretschmer 和 Khashabi，2020）。再如，基于大数据及区块链技术，企业可简化订单对接及交易支付流程，实现具有成本效益、高敏捷性、可追溯性及安全性的产品交付（孙新波等，2019；Gaur 和 Gaiha，2020）。

五、营销组合运用能力数字化

（一）产品元素方面

企业将新一代信息技术嵌入新产品开发的创意筛选、商业分析、产品设计、产品测试及市场投放各阶段，可满足顾客的多元化需求，并提升产品销量及创新绩效（Kumar 等，2019）。例如，被广泛应用于服务行业的智能设备可基于机器学习和智能算法完成产品自动配送、语音互动等多样化任务，从而改善产品的功能属性（如感知易用性、感知有用性）和社会属性（如情感支持）（Fernandes 和 Oliveira，2021；Gelbrich 等，2021）。

（二）渠道元素方面

新一代信息技术支持企业销售由单一线上渠道或线下渠道向全渠道模式转变，消费者在不同场景中接触商家的途径日益增多。全渠道营销不再是多种渠道类型的简单组合，而是企业根据顾客旅程的不同阶段，为其提供多元化的渠道选择方案，满足顾客的搜索、体验、购买及分享需求。Cui 等（2021）指出，企业采用机器学习及区块链技术可以收集企业与每个顾客在不同顾客旅程阶段中的互动信息，以解决数据挑战；掌握顾客与企业不同接触点下的行为路径，以解决营销归因挑战；为顾客提供数据分享激励并增强其对数据的控制权，以解决隐私挑战。

（三）价格元素方面

新一代信息技术能解决以数字服务为基础的产品定价问题。在价格结构方面，区块链技术为无形产品及服务（如知识产品、服务软件）的定价规则提供了思路，产品价格可由基础费用、免费使用补贴及超出免费使用额度的单位成本组成（Tong 等，2020）。在定价方式方面，企业可根据市场的需求情况，综合采用动态/静态定价、单一产品/产品组合定价等方式，将产品价格与消费者的支付能力及支付意愿相匹配（Libai 等，2020；Tong 等，2020）。此外，在差异化定价过程中，人工智能定价相比于销售人员定价，可使顾客获得更高的价格公平感知（宋晓兵和何夏楠，2020）。

（四）沟通元素方面

智能算法可对复杂的数据系统进行提取和分析，向顾客及企业提供精确的信息处理结果（如基于物联网的 RFID 技术可实时监控产品的流通动态），提高产品的信息质量和感知有用性（谢家平等，2015）。企业采用基于人工智能的广告创意生成系统，通过数据计算方式，系统完成广告生成、传播及测试等流程，不仅可提高广告的新颖性和适当性，还可降低企业对专业广告创作人才的依赖性（Vakratsas 和 Wang，2021）。在顾客互动方面，企业不仅可引入多数据来源的个性化推荐系统，通过企业原有数据与第三方公司数据的相互匹配优化推荐效果（姚凯等，2018），而且可不断创新互动形式，利用人工智能支持的人机互动结账系统，提高顾客的购物体验及购买意愿（Van Esch 等，2021）。

综上所述，新一代信息技术赋能企业营销（即对传统营销能力的整体性提升或革新）所带来的"推动效应"，是新一代信息技术影响营销战略的另一直接表现。现有研究多聚焦于营销能力变革对营销绩效的正面影响，较少有研究（除 Bata 等，2018；张雁冰等，2019；Braganza 等，2021；Cui 等，2021）关注技术变革可能对消费者、员工及企业产生的负面影响。因此，未来研究应全面厘清新一代信息技术对提升或抑制企业财务绩效及非财务绩效的差异化影响，并检验其发挥作用的边界条件。

第四节　营销组织架构变革

营销组织架构（Marketing Organization Configuration）是指企业能够激活营销能力、执行营销活动的内部组织设置，包括组织内部结构、营销绩效度量以及控制和激励机制三个方面（Moorman 和 Day，2016）。

一、组织内部结构

（一）营销部门的职能边界模糊化

在传统的组织架构中，企业各职能部门享有一定的自主权，且工作任务具有明显差异。随着新一代信息技术的扩散，企业内部组织的边界、角色及流程发生了显著变化，促使企业重新思考并改进现有组织结构，让更多的职能部门参与到营销业务活动中来（Cennamo 等，2020）。新一代信息技术背景下的组织结构并不完全是传统的自上而下组织模式，而是一种跨越职能边界、部门相互依赖、重构部门配置的新型组织架构（Kumar 等，2019）。新一代信息技术驱动的业务流程促使企业调整现有业务的资源配置结构，增强各部门之间的互动合作，实现各部门间职能角色的配合补充（Wedel 和 Kannan，2016；Kretschmer 和 Khashabi，2020）。基于万物智联的生态型平台组织是企业组织架构变革的典型代表，其通过业务前台、业务中台和业务后台之间的相互赋能及有机衔接，可提升企业运营的敏捷性、高效性和稳定性；其中，业务前台主要负责研发、生产及销售等短期导向业务，业务中台主要负责业务衔接、资源协调及信息传递等任务，业务后台主要负责未来市场培育、组织文化建设等长期导向业务（李平等，2019）。

（二）营销数据管理职能的再定位

在传统市场导向的企业组织架构中，营销部门的跨组织边界属性决定了其既是外部市场信息的主要采集者、加工者和传递者，又是内外部数据分析的主要使用者。然而，考虑到新一代信息技术商业应用对数据要素的依赖，以及数据驱动决策在营销部门之外的其他职能部门也得以广泛应用，诸多企业开始设置独立的数据管理机构，以协调各类数据资源的采集、加工和使用（胡斌和王莉丽，2020）。例如，企业可专门组建大数据中心或数据中台，并设立首席数据分析官，赋予其数据收集、存储、维护、使用和治理的权力，同时明确其对各类市场经营数据和内部运营数据进行统一管理的职责，以确保企业数据运转的准确性、完整性及安全性（Porter 和 Heppelmann，2015；Wedel 和 Kannan，2016）。在这种内部职能的重构中，营销部门的数据管理职能增加了两项新任务：一是市场与顾客数据采集方式及传递流程的标准化和数字化；二是参与由数据管理部门所主导的内部数据产品开发。

二、营销绩效度量

（一）量化指标精准度量

新一代信息技术的应用使企业营销绩效的测量结果更加准确，测量维度变得更为全面。首先，采用新一代信息技术的企业可采集反映营销绩效的量化数据，以增强营销活动实施的透明度及营销绩效评价的准确性（Qin 和 Jiang，2019）。例如，智能算法技术可以精准识别消费者对推荐广告的点击次数及浏览时间，身份识别系统可以自动检测广告欺诈行为（如机器人刷单），从而精准度量广告投放的效果。其次，新一代信息技术可以通过更丰富的指标来提高营销绩效测量的精度。例如，基于大数据驱动的顾客生成内容分析，企业不仅可识别消费者的互动方式、互动对象及互动渠道，还可借助词典和支持向量机方法提取有关消费者的情绪及心态指标，客观分析消费者的购物动机及潜在价值，从而全面衡量产品及服务绩效（Berger 等，2020）。

（二）实时反映绩效动态

新一代信息技术的应用可对营销绩效进行动态监控，从而使测量反馈变得更加及时。企业借助新一代信息技术可对产品研发进展、物流配送状态及销售人员绩效等组织内部数据进行采集与传输，从而实时评估各类营销活动的实施状态与预期目标的一致性（Qin 和 Jiang，2019；Kretschmer 和 Khashabi，2020）。此外，企业还可捕捉由消费者、竞争者及社会机构实时生成的外部数据（如影片中的弹幕、游戏互动区中的对话、行业评论等），从而及时把控产品在市场中的投放效果，并为营销方案的调整提供参考依据（Zhang 等，2020）。

三、控制和激励机制

（一）员工控制及激励方式的数字化

新一代信息技术的应用能够提高员工工作的自主权，使员工不再受特定工作时间和工作地点的约束，有利于提升其工作效率和工作满意度，从而起到激励作用（Kretschmer 和 Khashabi，2020）。但是，新一代信息技术在工作场景中的过度使用可能导致员工的技术依赖行为，并降低员工的工作参与度（Bata 等，2018；Braganza 等，2021）。因此，企业在采用新一代信息技术的同时，也需依据其技术优势采用相应的管理手段。例如，企业既可以通过新一代信息技术实时监控员工行为，也可以基于人工智能分析算法将工作任务与员工特性进行优化匹配，使员工在工作中获得更多的个人利益，从而抑制员工的机会主义行为，以起到控制监管作用（Kretschmer 和 Khashabi，2020；Makarius 等，2020）。再如，企业在借助人工智能和管理者相结合的培训模式中，可避免单一培训模式所带来的信息超载及培训厌恶等问题，从而全面提高各层次销售人员的绩效水平（Luo 等，2021）。

（二）对数据使用的控制和激励成为新任务

数据作为新兴生产要素，在企业营销战略决策和执行中发挥着重要作用，因此激励营销人员收集数据、利用数据、提升数据分析和决策能力是实现营销数字化转型的基础（Martin 等，2020）。但是，考虑到数据的敏感性和安全性，企业在鼓励营销人员使用数据的同时，也需加强对数据的控制管理。对于消费者数据，部分企业明确了数据的收集类型、途径及阶段，规范了数据的使用目的及服务对象，同时借助区块链技术对个人身份数据进行清洗和加密；通过增强消费者对企业的信任感知和温暖感知，减少隐私担忧（Bleier 等，2019；Aiello 等，2020）。对于企业内部数据，企业严格把控数据开发者和使用者的身份资质及访问权限，制定详细的数据安全使用规范，防止出现数据泄露及数据滥用等问题，以确保企业内部数据的安全运转（Brock 和 Von Wangenheim，2019；Gaur 和 Gaiha，2020）。

综上所述，企业营销的组织结构、绩效测量与控制激励等组织架构变革所带来的"催化效应"，是新一代信息技术影响营销战略的又一重要表现。这种架构性变革不仅打破了各部门间的职能边界，强调跨部门的合作共享，而且加剧了其他部门对营销职能的替代效应。然而，现有研究较少深入讨论新一代信息技术下营销部门的专有职责及其独特价值。因此，未来研究应进一步厘清营销环节在企业数字化转型中的价值创造路径，以及营销与研发、生产等部门的多元合作模式。

第五节　营销活动变革启示

新一代信息技术所引发的营销外部环境变革、营销能力变革和营销组织架构变革进一步影响（拉动、推动或促进）营销战略过程的变革。企业营销战略制定与实施过程中的七项具体活动，即市场预测（Anticipation）、适应性战略调整（Adaptation）、匹配（Alignment）、激活（Activation）、绩效核查（Accountability）、资源吸引（Attraction）、资产管理（Asset Management），需因应新一代信息技术的发展与应用而进行必要的变革（Moorman 和 Day，2016）。具体而言，企业应当充分评估新一代信息技术对营销外部环境、营销能力及组织架构各维度的差异化影响，有针对性地设计并调整各项营销活动，提升企业的适应性竞争能力，从而确保营销战略的科学设计、有序执行、系统评价及资源优化配置。

一、增强市场预测活动的前瞻性和精准性

新一代信息技术的应用扩展了企业获取信息的广度和深度，企业可基于新一代信息技术自动捕获有关消费者的需求信息、竞争者的产品信息及合作伙伴的生产信息等数据资源。企业应对各类营销情报进行科学分析，及时、准确地识别新一代信息技术对营销战略制定及企业发展的机会及威胁；通过预测企业及行业的未来发展趋势，重新思考企业营销战略的发展方向及营销活动的实施方案，从而综合考量企业市场选择、价值定位、商业模式及组织架构的科学性与可行性。

二、适配未来技术环境，调整营销战略

新一代信息技术的应用要求企业具备更加智能化、数字化和敏捷化的管理能力。企业应将现有能力与外部环境发展的新要求相匹配，识别企业能力与未来营销计划之间的差距，制定提升企业多元化能力的新路径，从而确保营销战略实施效果可达到预期目标。同时，新一代信息技术的发展也要求企业重塑组织内部结构，打破部门边界，增强跨界融合。企业应深入思考新一代信息技术赋予营销部门的收集、分析与控制数据的新职能，以及协调企业前后端业务的独特价值，重新界定其在跨部门协作中实现营销功能的具体路径。

三、优化营销环境、营销能力与组织架构之间的动态匹配关系

新一代信息技术下的营销能力及营销组织架构应实现与营销外部环境的动态匹配与协调互补，以确保营销活动的有效开展。为积极响应市场、技术及竞争等外部环境变化，企业不仅应加快数字化与智能

化转型，培育数据驱动的多元营销能力，实现企业营销能力与外部环境的优化匹配；还需不断调整部门职能及人员配置结构，实现营销组织架构与外部环境的优化匹配。此外，为充分发挥五种营销能力在营销战略过程中的促进作用，企业应提升员工的技术适应水平，鼓励其接受并采用智能化的营销工具与营销流程，实现营销组织架构与营销能力的优化匹配。

四、激活员工与组织利用数字资源创造新价值的行为

新一代信息技术的发展不仅为企业激励员工行为提供了新思路，还为丰富企业管理职能创造了新路径。企业一方面应基于真实反映员工绩效表现的全要素指标制定科学有效的动态激励机制，设定服务营销战略需求的具体任务（如销售人员与智能机器人之间的有效配合），以激发员工在营销战略过程中的多维能力。另一方面企业应激活组织的数据管理职能（如成立数据中台），鼓励跨部门间的协同合作，基于机器学习及区块链技术构建组织内部的数据收集、交易、流通及共享机制，从而实现数据分析对营销活动的价值赋能。

五、构建数据驱动的营销绩效核查体系

新一代信息技术为企业构建精准灵活的绩效考核指标和方案提供了技术支撑。基于企业内部跨部门数据的互联互通和多样化的绩效反馈维度（如消费者和外部合作伙伴的行为及态度数据），企业一方面应创新营销过程绩效的评价机制，根据营销战略的实施节点，科学动态地分析绩效提升/降低的内在原因；另一方面企业应动态监控营销活动结果与既定目标之间的差距，及时调整营销活动的具体方案（如更换精准推送的广告文案），

以确保营销战略的有效实施。需要注意的是，新一代信息技术也可能会带来高额的成本投入、道德伦理风险及隐私担忧等问题。这要求企业进一步明确新一代信息技术的适用场景及实施方案，尽力规避技术潜在风险所引发的负面绩效。

六、建立针对信息技术资源的吸引机制

新一代信息技术拓展了企业获取有形及无形技术资本的种类和途径。企业不仅要持续获取企业内外部数据、结构化及非结构化数据、行为及态度数据等多种营销数据资源，还应对新一代信息技术产品进行定期维护、更新与升级（如修复聊天机器人的语言识别故障、更新智能导航的路况识别系统），以确保新一代信息技术资源的价值得以持久发挥。同时，企业应特别重视人才在吸引信息技术资源中的重要作用，吸引并培育具备技术创新、知识管理、人机互动等方面能力的复合型技术人才，积极组建跨学科、多领域的高水平人才队伍。

七、制订系统化和智能化的资源管理方案

新一代信息技术的发展改善了企业管理内外部资源的整体水平，也加剧了企业资产管理的复杂性。这要求企业运用新一代信息技术（如基于数据挖掘的企业网络口碑危机预警系统）创新智能化的营销资产管理模式，不仅对品牌、数据及知识等组织内部资产进行系统管理，还需积极维系顾客网络、合作伙伴及生态系统等外部关系资源。与此同时，企业应强化对数据资产的科学管理，依托数据采集及处理部门，制定有效的数据安全使用及共享流通规范，从而充分发挥数据要素在营销战略过程中的价值。

第二章　开放式营销

　　第一章提出，新一代信息技术给营销战略带来的首要技术性影响是促进了营销科技的发展与应用，带来的首要竞争性影响是促使竞争焦点转向营销生态系统。营销科技应用的普及也加剧了营销生态系统的复杂性，要求企业采用开放式营销理念，培育开放式营销能力。本章在概述营销科技发展的基础上，探索了理解营销生态系统的多维视角，进而基于对开放式营销的界定，探讨了企业构建开放式营销能力的途径。

第一节　营销科技

　　伴随着营销的数字化转型，营销科技已不断渗透到广告与促销、内容与体验、社交与关系、商务与销售、数据、管理等多个营销相关业务领域，为企业开展和推进数字化营销提供了技术支撑。

一、营销科技业的快速发展

从全球范围来看，2011 年的营销科技企业仅有 150 家，2014 年后，营销科技企业呈现快速发展态势，2020 年达到了 8000 家，6 年来增加了将近 7.5 倍，如图 2-1 所示。2019 年至 2020 年，数据类（增长了 25.5%）和管理类（增长了 15.2%）营销科技增长速度最快。就中国而言，营销科技企业的数量在营销科技企业图谱中逐年增多，由 2019 年的 3 家增加至 2020 年的 33 家（Brinker，2020）。

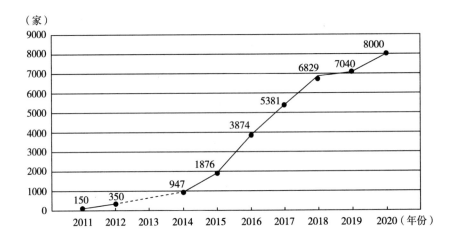

图 2-1 2011~2020 年全球营销科技企业的发展趋势

资料来源：https://chiefmartec.com/2020/04/marketing-technology-landscape-2020-martech-5000/.

艾瑞咨询的调查显示，2021 年我国营销科技各子场景企业已超 500 家。其中，数据和策略场景、渠道运营和转化场景是营销科技企业的重点布局方向。数据相关服务主要支撑企业的数字化转型与营销科技多维度应用，如数据管理平台（DMP）、客户数据平台（CDP）等；渠道和转化类服务主要为企业提供销售转化支撑，如直播渠道、线上商城渠道等。这两类服务的企业数量占比分别为23.9%和23.2%。

二、营销科技的分类

营销科技泛指用以收集和分析市场信息的各类技术基础设施与流程。它助力企业在构建客户画像的基础上，实现精准营销与精细化运营，赋能企业实现从影响、触达、运营、转化到服务与复购的全流程闭环运营，以提升营销效果、运营水平和转化效率，从而促进业绩增长（Kalaignanam等，2021）。

营销科技主要可分为数字广告与促销、内容与客户体验、社交媒体与用户关系、商务与销售、数据、管理六大类，共49个小类，具体如表2-1所示。其中，数字广告与促销是指通过匿名的数字数据，以社交广告和原生广告等形式向消费者传播营销信息的营销技术；内容与客户体验是指企业通过生产发布有价值的营销内容，吸引特定目标人群并提升用户体验的营销技术；社交媒体与用户关系是指借助各类营销渠道及顾客关系管理，帮助广告主和消费者之间双向互动的营销技术；商务与销售是指主要应用于消费者从接收营销信息到采用销售渠道进行购买过程中的营销技术；数据是指利用IT技术解决数据采集到数据应用过程中的问题，实现数据赋能营销活动；管理主要包括广告主资金、人力、流程的管理，以及外部资源的评估。每一类营销科技都与营销活动的效果密切相关，使得营销科技企业能赋能其他企业的营销数字化转型与数字化业务增长。

表 2-1　营销科技的领域与分类

营销科技领域	具体分类
数字广告与促销	平面广告，搜索和社交广告，公关，视频广告，原生广告/内容广告，陈列式广告与程序化广告，移动营销（7类）
内容与客户体验	互动内容，视频营销，内容营销，搜索引擎优化，移动应用，电子邮件营销，数字资产管理、产品信息管理和营销资源管理，优化、个性化和测试，网络体验构建和管理，营销自动化和营销活动/销售线索管理（10类）
社交媒体与用户关系	影响者营销，社群和评论，社交媒体营销和监测，会话式营销和聊天，客户拥护、忠诚和推荐，客户体验、服务和成功，目标客户营销，顾客关系管理，呼叫分析和管理，活动、会议和网络研讨会（10类）
商务与销售	零售、近场营销和物联网营销，互联网联署营销和管理，渠道、合作伙伴和本地营销，电商营销，销售自动化、赋能和智能化，电商平台和购物车（6类）
数据	受众/营销数据和数据增强，营销分析、绩效和归因，移动和网络分析，绩效仪表盘和数据可视化，商业/客户情报和数据科学，客户数据平台，整合平台即服务、云/数据整合和标签管理，数据管理平台，治理、合规和隐私（9类）
管理	人才管理，产品管理，预算和财务，协作，项目和工作流，敏捷和精益管理，供应商分析（7类）

资料来源：https://chiefmartec.com/2020/04/marketing-technology-landscape-2020-martech-5000/.

三、营销科技的应用

企业应用营销科技旨在更好地理解顾客需求，通过精准化的营销策略与运营流程驱动企业绩效增长。从用户的全生命周期来看，营销科技主要可应用于企业的内容营销设计、营销自动化、客户数据平台、私域运营、客户关系管理五个方面。

（一）内容营销设计

在数字营销时代，优质的内容是企业开展内容营销的关键要素。利用传统营销方式进行内容创意设计，往往会存在用户洞察不足、品牌规划不明、内容缺乏创意、内容传播渠道多、营销效果难以衡量等问题，营销人员难以根据顾客需求设计内容策略和推广策略。企业可借助营销科技，深入剖析顾客的需求数据，依托经验与创意，生成更为精细化与差异化的内容，从而吸引顾客并带动流量提升，实现营销裂变与销售转化。总体而言，营销科技通过赋能企业的内容创作与服务能力，帮助企业完成"用户洞察→品牌战略规划→内容生产→内容传播→营销效果评估与跟踪"的营销传播全流程。

（二）营销自动化

营销自动化旨在以技术手段提升市场营销效率，通过数据分析、线索转化、流程管理等核心功能的自动化，助力企业搭建从线索发现到销售转化的全流程、自动化营销闭环体系。营销科技助力企业提升营销自动化水平，这不仅表现在其可通过数据建模识别潜在客户，自动将潜在客户转换成有效客户，以达成交易，还表现在运用销售线索提醒销售团队在适当时机与客户进行互动，并收集互动数据以优化营销策略，从而增加销售成功的可能性。

（三）客户数据平台

客户数据平台是对企业不同渠道、不同营销场景中的各类客户数据采集、整合、分析及应用的营销系统平台，可实现客户数据建模、营销活动设计、营销效率提升和客户体验优化的目标。客户数据平台的主要功能是集成并整合多源数据，提升营销自动化及客户整体运营水平。企业要构建有效的客户数据平台，需要统筹数据集成、数据整合、数据应用、业务应用、数据能力开发五大子模块。其中，数据集成的核心作用是连接多数据源，并完成数据清晰、格式转换、数据加载、数据存储等，为营销人员的决策提供数据支持。数据整合是提供一个完整的和统一的客户视图，制定数据整合规则、元数据管理等以助力营销人员操作。数据应用主要是基于不同场景，完成对客户、产品、营销决策等的研究，并通过标签构建和规则构建进行客户细分，实现后续顾客需求分析及目标市场洞察。业务应用分为营销生态和决策洞察两类，前者集中于私域流量精细化运营，后者提供决策洞察能力。数据能力开发是为不同参与者的场景应用提供数据输出能力。因此，企业要构建高效的客户数据平台，需要相关的营销技术支撑各模块及搭建整体系统的高效运营。

（四）私域运营

私域运营是指企业对一定边界范围内可由其直接触达和支配的用户流量进行精细化运营。传统私域流量运营通过销售人员进行社群运营和一对一人工触达，运营成本较高，且营销效率难以评估。而且，一旦关键销售人员离职，可能导致大量的客户流失。借助营销科技，企业不仅可以将公域流量转化为私域流量，而且还可以提高社群运营和客户触达的自动化水平和精准营销效率，降低营销成本，并实现对营销效果与触达效果的有效评估。

（五）客户关系管理

随着获客及交易达成难度的提升，客户关系管理系统的建立成为提升企业销售能力的重要因素。客户关系管理是一套以客户为中心，以获取客户、留存客户、提升客户价值为目标，以管理和技术为手段的综合解决方案。客户关系管理的核心价值是提升企业销售业绩并降低销售成本。营销部门主要负责获取顾客、保留顾客及提升价值，销售和电子商务部门主要负责交易转化，客户服务部门主要负责交易后的服务保障与支撑。企业利用营销科技构建客户关系管理系统，可以实现营销、销售、电子商务、客户服务等功能的数字化整合。

第二节 营销生态系统

营销科技的发展与应用扩大了营销战略执行的边界，即更多的企业内部职能部门和外部合作者会参与完成营销战略的执行任务。新一代信息技术的应用要求营销管理者能从生态系统的视角审视营销环境、设计营销战略，并分析各参与者的营销角色。

一、营销生态系统的提出

生态系统（Ecosystem）是指由系统内一切复杂有机体与它的无机环境共同构成的统一整体。这一概念最早于 1935 年由 Tansley 提出，后逐渐被应用到组织研究中。Hannan 和 Freeman（1977）基于组织种群视角关注环境变化对组织的影响，认为在一个特定边界内具有共同形式的所有组织构成种群，组织环境影响组织的活动方式和结构，这使生态系统的思想超越了生物学领域，从而奠定了组织生态系统（Organizational Ecosystem）理论。

Moore（1993）将生态系统与经济、市场领域结合，提出了商业生态系统的概念，阐明了企业间存在竞合关系、企业与环境存在共生关系，以及系统可持续发展等观点。Vargo 和 Lusch（2011）将服务主导逻辑与商业生态系统特征耦合，提出了服务生态系统的概念。服务生态系统是指在服务交换中由多个松散耦合的社会和经济参与主体连接的一种网络组织形态，且能够自我调节、自我适应及持续演化（Lusch 等，1996）。在此基础上，生态系统概念与更多的特定情景进行融合，出现了营销生态系统、平台生态系统、创新生态系统、产品生态系统、服务生态系统等。虽然在不同生态系统的概念存在差异，但都围绕外部环境、参与者互动、资源整合及价值共创展开。本书的附录 C 总结了针对这些概念的相关研究。

从现有相关研究来看，营销生态系统的概念可从营销环境、营销战略及营销角色三个不同的视角进行界定。虽然在不同视角下的营销生态系统的构成要素可能存在差异，但它们都强调了生态系统概念在营销情景中的应用，其共同目标是通过协调营销生态系统中各参与者的价值创造性活动提升整体营销绩效。

二、营销环境视角

营销环境视角下的营销生态系统被界定为影响企业营销活动的整体环境。Zhang 和 Watson（2020）将营销生态系统定义为一个由共同演化的行动者和外部力量因素组成的互联互通系统，这个系统影响企业感知市场和捕捉市场机会的能力。这种环境分析视角认为营销生态系统包含诸多因素，除了包括直接影响企业业务的竞争对手和合作者的行为因素之外，还包括五类因素，即市场因素、技术因素、社会经济因素、地理政治因素和自然环境因素。

新一代信息技术背景下，这些环境因素的外延正在不断扩大。例如，市场因素包括基于互联网与数字化商业模式变化。技术因素包括可穿戴设备、物联网、面部和语音识别技术等生成的实时生活方式、情感和生物特征数据。企业可以在竞争环境中根据这些数据了解市场趋势，并对营销活动进行调整。社会经济因素体现在技术发展推动的市场转变加速，更多的经济效益流向科技、金融和媒体等创新行业。地理政治因素表现为全球市场准入门槛的降低、发展中经济体的生活水平和市场力量显著提升，以及新兴经济体的全球企业快速崛起（如阿里巴巴、塔塔集团、华为）等。

这种环境视角下的营销生态系统明确认识到营销是一个"开放系统"，企业是在它所需要的生态系统中嵌入的有机体，两者是相互依存的共生关系。因此，这一观点要求企业具备积极主动的适应能力，与更广泛的利益相关者和合作伙伴进行合作。也就是说，营销生态系统包含了市场中通过竞争和合作而参与市场交换的各个有机体，如企业上下游合作伙伴、客户、竞争者、监管者、行业管理者等利益相关者，通过增强与各参与者的联系以获得市场竞争优势（Hult 和 Morgeson，2020；汪涛等，2020）。

三、营销战略视角

营销战略视角下的营销生态系统被视为企业的一种战略行动选项。Homburg 等（2020）将营销生态系统定义为企业通过发展互利的网络系统以实现有机增长的重要战略手段，如基于现有价值链或相关价值网构建生态系统，以及培育整合的生态系统。基于参与者（即主动与被动）和所有者（即主导地位与平等地位）两个维度，营销生态系统可分为知识转移型、产品供给型、开源平台型、自有平台型四类。

在知识转移型生态系统中，企业可以建立一个行动者的共生网络，与其他参与者进行知识交换与合作。产品供给型营销生态系统中，焦点企业建立参与者的互动网络，并拥有对其提供的产品进行集成的权利，从而在其生态系统中占据主导地位。例如，焦点企业可以对其硬件（如 iPhone 和 Apple TV）、软件（如 iOS 和 Siri）及连接服务（如 iCloud）进行集成，开发出新的产品。开源平台型营销生态系统是指企业作为主要产品和服务供应商积极参与生态系统，并通过其主导地位决定生态系统的其他参与者。自有平台型营销生态系统主要是给其他行动者提供能够参与和进行交互的市场，焦点企业被动地参与生态系统，并通过拥有平台在生态系统中占据主导地位。

四、营销角色视角

营销角色视角下的营销生态系统被视为一种用以刻画各种行动者之间复杂关系的分析工具。Möller 等（2020）将营销生态系统定义为由行动者有目的地组成的中心化组织，核心行动者和其他行动者之间拥有直接联系。这种视角多用于对营销生态系统中行动者之间从属型关系（产品融入整体解决方案）和匹配型关系（共同支持核心价值主张）的分析。

采用这种视角的企业在构建营销生态系统时，尤其注重各类外部合作伙伴在当前营销任务中所扮演的角色和实际作用。然而，Acosta 等（2020）在对美国和欧洲国家营销生态系统的调查中发现，94%的营销人员感到比三年前面临更大的投资回报率压力，99%的营销人员使用合作伙伴帮助他们满足这一需求，只有39%的营销人员认为他们在从伙伴关系中获取价值方面非常有效。导致这一结果的原因包括数据媒体与营销技术的增长、新营销渠道的出现及消费者个性化期望的不断提高。这些因素对营销人员的能力提出了新的挑战，要求营销人员利用外部合作伙伴来满足专业需求。相关调查显示，超过65%的营销人员广泛利用合作伙伴（而不是选择性或根本不使用）来执行活动、获得创新、加快上市速度和增强人才可用性等，从而提升营销活动的有效性。

这种营销角色视角下的营销生态系统是由多种营销服务组织构成的集合，这些组织为营销人员在创造、传递和改进其与客户或消费者沟通方面提供支持。也就是说，营销生态系统的核心问题是有效地建立与战略性管理相关联的合作伙伴关系，为企业营销人员提供最大化的支持，满足消费者对高级营销解决方案的需求，如支持大规模的动态内容优化等，从而借助构建的营销生态系统获得竞争优势。

第三节　开放式营销模式

无论是从环境视角、战略视角还是角色视角进行界定，营销生态系统都要求企业在面临新一代信息技术带来的挑战时，应提高适应多因素环境、驾驭多业务生态、协调多伙伴网络的能力，即开放式营销能力。

一、开放式营销的提出

在新一代信息技术得以广泛应用的时代，顾客需求呈现出复杂性和多样性的特点，通过对其不同业务场景的分析才能明确与满足消费需求。业务场景的多变性使单一企业难以综合获取消费者需求，这要求企业协调其他营销合作伙伴共同完成营销任务。同时，随着营销技术专业化程度的提高，企业需要协同多种技术工具来支撑营销工作，促使其与外部企业开展技术合作。此外，企业的平台化经营使得企业采用系统思维来审视业务增长组合，通过加强与合作伙伴间的信息交流，形成新的业务增长点。因此，消费者业务场景多变性、营销技术专业性和平台化经营思维都要求企业开放组织边界，与合作伙伴建立关系以获取信息、技术等资源，从而发挥网络协同效应并高效地完成营销任务。

在不断变化的市场中，企业的成功可能取决于各行动者的适应性反应能力，对这种适应性活动进行精准预测、开发及迅速反应将直接影响企业生存（Pierce，2009）。而这种预测、开发和反应能力又取决于企业在营销生态系统中的既有伙伴关系网络，也就是说企业应提前构建合作伙伴资源库（如人员、资金、机器、制度、技术、信息、知识、经验、图像、语言、品牌、客户关系等），并根据适应性反应行动的需要匹配合作伙伴，以获取外部资源，从而实现价值创造（Wei 等，2020）。

二、开放式营销的内涵

（一）开放式营销能力

开放式营销是企业用以应对快速变化环境的适配性营销能力的一种具体表现。基于这种能力视角，开放式营销能力可界定为企业与紧跟市场变化的合作伙伴建立关系，动员和利用散布于伙伴网络中的营销资产（资源、能力和技能），以应对市场快速变化的能力（Day，2011；Day，2014）。

企业的开放式营销能力影响其在营销生态系统中构建关系网络和获取资源，其本质是要求企业打开营销组织的各类边界（Day，2011）。具体而言，在营销生态系统中，企业可以利用开放式营销能力建立和维持与其合作伙伴的关系，构建与各行动者的资源网络，转移和激活其他行动者所拥有的对企业发展有利的资源，从而缓解资源压力（Krush 等，2015）。

（二）开放式营销的组织

Moraux-Saurel 和 Volle（2015）将服务提供商作为开放式营销研究的核心，认为开放式营销由三个维度组成，即开放式营销的组织准备（向专业服务提供商网络开放，以丰富自己并通过学习获取营销资产）、营销组织中的心态（促进开放营销学习和实施的价值观）、网络治理和管理（服务提供商网络的长期管理）。

在辨析了开放式营销与相关概念（营销联盟、服务外包、价值共创）的基础上，他们还探讨了开放式营销的类型和组织模式。开放式营销可依据组织化程度，分为组织化和直接化两类。组织化的开放式营销依赖于企业建立的正式系统以管理服务提供商网络，而直接化的开放式营销则不建立正式的组织系统，仅通过团队的形式直接对服务提供商进行日常管理和评估。

开放式营销的组织模式可分为编排模式和掌控模式两种。两者在知识获取形式及目标上存在差异。编排模式是借助营销资产对服务供应商网络进行管理，掌控模式则是通过营销资产了解并控制服务供应商的全部或部分活动。

（三）开放式营销的层次

从营销生态系统的视角来看，开放式营销是存在于多个层面的。本书认为开放式营销是指营销人员与其业务伙伴建立合作网络关系，并通过营销人员的跨部门（营销部门与其他职能部门）、跨组织（企业与其他营销合作伙伴）和跨行业（当前所处的产业价值链与其他行业的产业价值链）协同，以整合合作网络中的营销资源共同为顾客创造价值的过程。表 2-2 总结了与不同层次的开放式营销相关的研究。

表 2-2 关于开放式营销的研究

关系层次	研究	方法与情境	主要结论
跨部门	Bharadwaj 等（2013）	理论分析 ----	组织战略要求企业内部应具备设计、组织和管理可提供互补资源网络的能力

续表

关系层次	研究	方法与情境	主要结论
跨部门	Lee 等（2015）	理论分析 ――――	企业的组织结构可能会对开放式营销能力产生影响
	Krush 等（2015）	调查数据分析 B2B 企业	企业营销战略中心通过整合多元部门职能，可以实现资源互补利用与营销能力的构建
跨组织	Day 等（2006）	理论分析 ――――	组织结构的优化可促使企业更好地响应市场变化，并不断地满足客户需求
	Day 等（2011）	理论分析 ――――	企业应将资源扩展到企业边界之外，并能触达合作伙伴资源，整合其关系资源，增强适应市场变化的能力
	Guo 等（2018）	调查数据分析 B2B 企业	适配性营销能力对企业绩效的影响大于静态营销能力及动态营销能力对其产生的影响
	Shen 等（2020）	调查数据分析 高新技术企业	适配性营销能力与企业可持续性创新呈正相关，组织合法性和机会利用能力可增强其影响力
	Reimann 等（2021）	调查数据分析 B2B 中小企业	在高竞争环境下，企业的开放式营销能力正向影响企业国际营销绩效
跨行业	Weill 和 Woerner（2018）	分析式建模 ――――	消费者需求的多样化促使企业不断整合跨行业间的资源
	Jacobide（2019）	案例分析 阿里巴巴	成功的关键在于与多个跨行业生态系统中的企业建立稳定的合作关系
	Reeves 等（2019）	分析式建模 ――――	知识分享路径影响跨行业的开放式营销能力，且在法律环境、社会认可环境下更加明显

注："――――"表示该研究无具体的研究情境。

资料来源：笔者根据相关文献整理。

开放式营销对企业的影响主要体现在竞争优势和营销绩效两个方面。一方面，开放式营销能提升企业营销部门设计、组织和管理那些为其提供互补资源网络的能力（Bharadwaj 等，2013）。通过开放式营销，营销部门能更好地协调分散于企业内部非营销部门或非营销人员的资源和能力，缓解对企业营销能力过于分散和下降的担忧，从而使营销部门将资源和精力用于识别市场机会，分析顾客需求的多元化，并最大化地利用在多个生态系统中积累的资源以满足顾客需求，从而提升企业的可持续竞争力（Krush等，2015；Webster 等，2005；Shen 等，2020）。另一方面，开放式营销构建的网络可加强企业与合作伙伴的关系，企业获取资源的边界扩展到组织外部，使企业能从不同的合作网络获取完成营销活动的资源与专门技能，通过与利益相关者发展长期伙伴关系来提高企业营销绩效（Dyer 和 Singh，1998；Guo 等，2018）。

（四）开放式营销能力的测量

Guo 等（2018）提出了一个包含四个方面的开放式营销能力测量表。具体包括企业寻求具有互补资源和能力的战略伙伴的能力、通过合作快速应对市场变化的能力、运用资源整合获得产品和技术创新的能力、通过合作提高制定创新战略和战术的能力。

这种测量方式涵盖资源获取、市场适应、合作网络及战略制定等关键能力，并在有关开放式营销的后续实证研究中得以应用。例如，Shen 等（2020）以珠江三角洲地区的高科技企业为样本，检验适应性营销能力和机会开发对企业可持续创新绩效的影响。再如，Reimann 等（2021）采用该测量方式研究葡萄牙中小企业在国际竞争环境下，适应性营销能力与国际营销绩效的关系。但是，这种测量方式主要聚焦于跨组织层次的开放式营销能力的测量，其是否适用于跨部门与跨行业的开放式营销能力的测量还有待探讨。

三、开放式营销的影响因素

从现有文献来看，开放式营销的影响因素可归为四类，即环境因素、组织因素、技术因素和跨组织因素。

首先，企业的开放式营销活动应适应其外部经营环境。企业需要识别外部环境中的制度及经济因素等。一方面，制度因素可通过国家及地方颁布的政策和法律法规约束开放式营销活动的范围。例如，Reeves 等（2019）研究发现知识分享路径影响跨行业的开放式营销能力，且法律、社会认可度等制度环境对两者关系具有正向调节作用。另一方面，经济因素的作用体现在经济发展水平或市场环境的变动可驱动企业采用开放式营销以获取多种资源，提升其产品或服务竞争优势，增强抵御外部风险的能力。

其次，企业内部的组织因素是企业进行开放式营销的基础支撑，包括组织结构、员工特征等。Lee 等（2015）对职能制结构、多部门结构、矩阵结构、团队结构和网络结构，依据六个方面的特征（即集中化、形式化、专业化、相互依赖、集成化与模块化）进行对比发现，组织结构通过影响组织活动的边界及部门间的协调，进一步对开放式营销能力产生影响。组织结构可分为以外部群体（客户）形成的组织结构和以内部群体（运营或产品）形成的组织结构两类，且市场环境使企业的观念由"产品中心"向"客户中心"改变，外部群体（客户）形成的组织结构能使企业更好地响应动态的客户需求，从而调动各类资源满足客户需求（Day，2006）。

再次，在技术因素方面，Fuller 等（2019）提出应用程序编程接口（API）、物联网技术，以及数据收集和分析技术可以帮助企业更快地获得适应环境变化的多种多样的能力，实现跨越传统产品和服务边界的开放式营销。阿里巴巴的智慧业务就是利用技术平台协同生态系统中的多方商业参与者，这些参与者分享数据，并应用机器学习技术来识别和更好地满足消费者需求（Zeng，2018）。

最后，跨组织因素主要是指企业与其他营销合作伙伴关系。它可影响开放式营销合作网络的建立及各类资源的获取。例如，Yang 等（2019）对199 个中国制造企业采购商和 937 家供应商的调查数据进行实证检验，发现供应商的知识分享、供应商的灵活性会影响开放式营销能力。较强的采购商—供应商关系能产生较强的供应商知识共享和供应商灵活性，且这两者在采购商—供应商关系对采购企业开放式营销能力的影响中起完全中介作用。这也揭示了外部企业间关系如何转化为企业内部能力，并表明外部供应商是影响开放式营销能力的一种重要力量，能缩小企业营销能力与外部动态环境要求的差距。

第四节　开放式营销能力的构建

开放式营销能力的标志是通过打开组织边界，协同各参与者的资源网络，共同完成营销工作。构建高水平的开放式营销能力，要求企业应当具有优秀的顾客管理能力、资源协同能力、组织支撑能力和网络治理能力。

一、重新认识顾客价值

新一代信息技术的应用拓展了企业与顾客的交互方式和途径，也丰富了顾客角色的内涵。Kumar 等（2010）以顾客参与提供的资源类型差异，将顾客价值分为顾客终身价值、顾客推荐价值、顾客影响价值和顾客知识价值四类。

（一）顾客终身价值

顾客终身价值是指忠诚顾客的购买行为对当前及未来产生的货币收益净现值（Jackson，1985；Bitran 和 Mondschein，1997）。顾客终身价值能为营销部门提供其行为特征的数据，对销售和市场推广等营销活动产生影响。首先，长期忠诚顾客对企业产品价值的敏感性不高，且对产品服务特性较了解，有助于企业获得稳定的收入（胡晴霞，2016）。其次，与新顾客相比，长期忠诚顾客对企业的贡献率会逐年提高。长期忠诚顾客对企业的产品特性较为了解，企业无须投入太多成本也能获得稳定的购买行为，有助于降低对长期忠诚顾客的服务成本。最后，长期忠诚顾客不仅会重复购买和消费企业的特定产品，而且还会为企业创造口碑效应，对其他顾客的购买意愿及行为产生积极影响。

（二）顾客推荐价值

顾客推荐价值是指顾客推荐行为所产生的显性收益（顾客购买额的增加）和隐性收益（顾客成本的下降）之和（Kumar 等，2010）。顾客推荐价值聚焦于将顾客线上社交网络和线下社交网络中的现有顾客转化为实际顾客。实施推荐行为的顾客被认为是从销售中获得佣金的非雇佣销售人员，可以为潜在新客户提供可靠的产品信息，是企业吸引潜在新客户的有效方式。企业通过开放顾客参与边界，能增加顾企互动以获取更多低成本的信息资源。现有顾客对潜在顾客传播的信息资源，能更有效地提高新产品关注度和增加顾客购买的可能性（Sheth 等，1971）。但这种顾客信息的价值受推荐者社会影响力（宣传程度）和社会关系广度（顾客的推荐数量）约束，构建开放式营销网络也需要与这些关键顾客建立良好关系。

（三）顾客影响价值

顾客影响价值是顾客通过信息分享、口碑、互动等形式，增加对其他顾客的说服力和产品使用意愿，影响其他顾客的产品购买行为（Van den Bulte 和 Wuyts，2007；李强等，2021）。Kumar 等（2010）认为有影响力的顾客对产品或服务的继续使用或口碑，会影响其他消费者继续（增加）使用产品的意愿。顾客影响价值可以通过"意见领袖""关键节点""超级传播者"等关系资源，实现产品销量短期内呈现几何级数增长，增强企业的市场影响力（李强等，2021）。青平等（2016）的研究也表明，意见领袖具有良好的道德形象，对企业产品卷入度更高，能驱动其产生较多创新行为。因此，开放式营销能力的构建需要重视顾客影响能力在营销推广中扮演的角色，也需要相应地提高市场响应能力和危机公关能力，避免意见领袖对顾客规模的负面影响。

（四）顾客知识价值

顾客知识价值是通过引导顾客积极参与新产品开发活动的互动交流（新产品创意、设计、评测等），产生被顾客接受与认可的新产品，提升新产品成功的可能性（Joshi 和 Sharma，2004）。顾客作为新产品的直接使用者，拥有企业不具备的知识资源和比开发人员更有价值的想法（范秀成和王静，2014）。对产品和品牌具有较强兴趣的品牌社区成员具有广泛的产品知识并参与相关产品讨论，能帮助企业产生开发新产品的想法（Fuller等，2008）。知识资源是顾客对市场、企业和服务产品方面的主观价值判断等内化在顾客头脑中的知识（卢俊义和王永贵，2011）。

通过顾客知识资源可以更好地理解顾客偏好，提高新产品质量和服务水平，为新产品开发提供价值（Joshi 和 Sharma，2004；Kumar 等，2010）。同时，顾客对企业的知识反馈也能间接吸引现有的和潜在的顾客，提高企业管理过程的有效性（如顾客投诉等）。因此，顾客知识资源对企业营销环节的作用主要体现在顾客提供的产品创意、产品反馈、市场推广等方面，是企业开放式营销活动的重要组成部分。

二、加强合作伙伴协同

企业与多种类别的外部伙伴（客户、供应商、同行竞争者、第三方机构等）合作是提升开放式营销能力的重要环节。不同合作伙伴能够为营销活动供给外部资源，构建开展营销活动所需的资源基础与资源组合，通过资源优化配置与平衡，减少冗余资源以增强资源匹配，提高营销活动效率（王国红和黄昊，2021）。这些外部合作伙伴可分为市场类型、机构类型、专业类型和其他类型四类。其中，市场类型合作伙伴包括设备、原材料、零部件或软件供应商，顾客，竞争者，咨询机构，研发企业等；机构类型合作伙伴以高等教育机构、政府研究机构、其他公共机构为主；专业类型合作伙伴是指贸易协会、出版社、计算机数据库等；其他类型合作伙伴主要为企业提供技术标准、健康和安全标准及法规、环境标准及法规等（Laursen 和 Salter，2006）。

企业要获取这些合作伙伴的资源，需要对其在营销网络中的价值进行定位，分析其与营销部门间的关系，包括资源互补、价值增值等。在资源互补型关系中，合作伙伴与营销部门相互为对方提供所需的关键资源，以稳定的合作关系实现低成本的资源获取，如上游供应商、顾客。营销部门也可以与内部非营销部门或跨组织边界的第三方机构加强合作，对获取的外部资源进行专业分析，实现营销资源的高效配置及价值增值。相较于其他合作伙伴，同行竞争者和企业属于行业价值链上相互独立的主体。企业可以通过与同行企业合作以了解市场态势，获取关键资源开发新产品，但也增加了竞争者与供应商接触的机会，使其模仿新产品的难度下降，损害合作新产品的市场价值（Ghosh，2012）。资源和能力的互补是形成企业与合作伙伴协同关系的基础，这也要求企业识别合作伙伴的价值，选择具有优势的合作伙伴，实现营销合作网络赋能营销任务的完成。

三、升级营销基础设施

营销基础设施为发挥营销功能提供基础支撑，包括硬件、软件和操作系统三个部分。随着人工智能、大数据、工业互联网等新一代信息技术的快速发展，原有的营销基础设施难以满足新的营销需求。企业需从外部合作及内部管理两个方面，加强营销技术的应用，不断完善数字化的营销基础设施，从而实现数据管理与分析、合作伙伴连接、客户互动管理、运营自动化等营销功能（Asare 等，2016）。

在外部合作伙伴层面，企业需要具备平台化思维，搭建营销平台以加强内外部合作伙伴的联系，促使行业内部和跨行业合作伙伴间进行资产共享（包括有形资产和人才、知识、关系等无形资产），以缓解组织经营活动受限及组织边界难以突破等问题，从而有助于企业构建竞争优势（周德良和杨雪，2015；刘军等，2021）。然而，合作伙伴间的资源流动具有商业属性，营销平台仅为企业与合作伙伴的资源互惠提供了参与渠道，并不能保证关键资源和能力的免费溢出。企业需要根据合作伙伴及资源的特征，通过设计可靠的资源交易机制（如明确资源定价、资源流动形式、资源价值分配等），为营销平台上资源的有序流动提供制度保证。资源交易机制的运行也需要企业配套相应的营销基础设施，将制度设计转变为实际的可操作化流程，实现营销活动的运营自动化。

在内部职能部门层面，市场环境的动态性及消费者需求的多样化，需要企业提高响应速度以获得竞争优势。企业营销部门与非营销部门的协同能协调分散在企业内部的各类资源，共同完成营销活动，缓解企业营销能力过于分散或下降的担忧（Krush 等，2015；Webster 等，2005）。企业跨部门的资源分享和能力协作，促使其完善营销基础设施，以保障组织内部成员的有效沟通，减少营销活动中的冗余成本，将资源配置到更有价值的其他营销活动中，如市场机会识别、顾客关系管理等（Bharadwaj 等，2013）。

四、强化营销网络治理

网络治理是指维护网络节点间联系以促使网络有序高效运作，对节点行为进行制约与调节制度设计，包括对节点的治理、对节点间关系（线）的治理、对网络整体（面）的治理以及对网络内容（流）的治理（Jones 和 Borgatti，1997；李维安等，2014）。企业强化营销网络治理的目标是增进伙伴间的信任，提高合作网络运行质量，获得网络协同效应（孙国强，2007）。开放式营销网络治理的关键要素包括合作伙伴关系与技术水平，这要求企业在网络中加强关系治理与技术治理，以减少合作伙伴间的利益冲突，从而确保合作网络的高效稳定运转。

关系治理是指在企业的关系网络中对于特定关系（通常是指合作关系）制定和设置社会性规则（如信息交流、信任和互动等），以对合作各方的活动施加影响的一系列方式的总称（Heide 和 Miner，1992；Wallenburg 和 Schaffler，2014）。关系治理行为主要分为联合求解与联合规划两类。其中，联合求解是指企业与合作方共同解决合作过程中的冲突（Lusch 等，1996）；联合规划是指企业提前预测和规划未来的经营关系状况，在共同利益基础上积极整合合作方资源（Heide 和 John，1990）。具体而言，前者属于被动反应性行为，而后者则属于前摄性行为反应（姜翰等，2008）。在营销网络中，核心企业可以依据实际情况选择联合求解或联合规划方式，形成相互信任、开放、共担风险与共享收益的合作伙伴关系，从而提高合作绩效（Lin 等，2012；Lambert，2008）。

技术治理是运用程序化手段解决营销网络中出现的问题及此作用下企业场域内的各类关系变迁（彭亚平，2019）。这种治理方式侧重于借助计算机、信息通信、传感器、大数据等技术载体，通过参数、代码、脚本等组成的技术标准体系，对合作伙伴的功能、资源与责任进行协调和重组，以实现营销网络中具体问题、营销参与者及解决方案之间的智能匹配（张丙宜，2018）。在新一代信息技术广泛应用的时代，技术治理是企业进行营销网络治理所必须使用的现代技术手段，通过寻求优质高效的解决方案和处理方式，以避免营销网络中的技术阻碍，从而保障开放式营销活动能够发挥其应有的功能及价值。

第三章　平台企业的顾客管理

第一章的分析提出新一代信息技术的应用提升了企业面向平台业务的顾客连接能力和品牌资产管理能力。第二章的分析认为平台技术与平台化运营思维是企业升级营销基础设施，以提升开放式营销能力的重要推动力。本章聚焦于平台企业营销的核心任务之一——双边（多边）顾客的管理，在概述平台企业的管理角色的基础上，着重分析了平台企业顾客的获取、维系与治理策略。本章还探讨了当前平台企业顾客管理所面临的挑战。

第一节　平台企业顾客管理概述

平台企业顾客管理的特点不仅体现在对双边顾客的管理，而且体现在对顾客网络的管理。作为市场制造者，平台企业所提供的市场资产是其用以吸引和维系双边顾客最重要的资源之一。

一、平台企业的顾客网络

（一）平台企业的快速发展

受益于互联网的发展与应用，平台企业（Platform Firm）作为新经济的重要代表，近年来在全球范围内都得到了快速发展。据 2021 年全球企业市值显示，排名前 10 的企业中有 7 家开展了平台经营业务。平台经营模式不仅催生了新产业和新业态（如众包、共享经济），而且推动了传统产业的变革（如优步以超 1 亿的月活跃用户颠覆了传统的出租车市场），并加速形成新的企业与用户之间的互动关系（如脸书凭借超 20 亿的用户规模，在没有任何原创性内容的情况下，仍可创造数十亿美元的年广告收入）（杨善林等，2016）。因此，平台化经营经常被视作一种完美的商业模式（Hagiu 和 Rothman，2016；Zhu 和 Furr，2016）。基于互联网的平台经营模式，要求企业以顾客为核心，实现对价值、营销、盈利和运营等多方面的变革，从而推动平台企业实现价值的创造、传递与维护（冯雪飞等，2015；Van Alstyne 等，2016）。

（二）平台企业的双边顾客

平台企业是一个包含了多个参与者的系统。平台（Platform）是一种将双边（多边）市场（或网络）中的使用者群体集合到一起的产品或服务（Eisenmann 等，2006）。一个平台通常包括一系列的基础设施（如互动工具、商业交易工具、用以个性化生产与定制的信息技术等）和规则（如价值主张、定价方式、参与者的权利与义务、成员互动机制等）；通过基于中介连接而成的价值网络，促成不同参与者群体之间的互动并创造价值（Ellison 等，2010；Eisenmann 等，2011；Chen 等，2014；Hagiu，2014）。一般来说，基于互联网的平台企业被分为软件平台、社交媒体平台、交换平台及支付平台四种（Evans 和 Schmalensee，2015）。尽管每一类平台在基础设施与规则设计方面可能有所差异，但是通常都包括四类参与者，即所有者（控制平台的知识产权和治理模式）、提供者（平台与使用者之间的应用界面）、生产者（为平台提供供给物）和消费者（使用平台上的供给物）（Van Alstyne 等，2016）。由此可见，基于互联网的平台企业通常是平台的所有者与提供者的综合体，它通过搭建第三方交易平台来聚集生产者（即卖方顾客）与消费者（即买方顾客）（Gazé 和 Vaubourg，2011；Fang 等，2015）。平台中各方参与者的称谓在不同行业的平台中有所差异，为便于表述，本章将互联网平台企业的三类参与者简称为平台企业（Platform Firm）、卖方顾客（Seller-side Customer）和买方顾客（Buyer-side Customer），如图 3-1 所示。

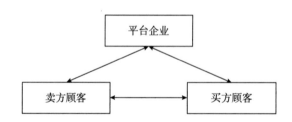

图 3-1　平台企业及双边顾客运营结构示意

资料来源：笔者根据相关资料整理。

　　顾客是平台企业发展的基础，平台企业的价值取决于其拥有的双边顾客（即卖方顾客与买方顾客）的价值，同时双边顾客的价值也是确保平台业务增长的决定性因素。因此，赢得和保留双边顾客就成为了平台企业经营的首要目标与前提（Van Alstyne 等，2016）。为促进双边顾客之间的交易，平台企业需要通过与各交易实体（如消费者、卖方顾客、物流合作方等）的互动来建立紧密的关系，从而为顾客提供基于平台的市场资源（汪旭晖和张其林，2016）。这种高互动性特征要求平台企业针对双边（多边）顾客进行管理，提升顾客管理绩效，并结合环境因素的影响，提高平台企业绩效。

（三）平台企业的双层顾客网络

平台企业同时连接了买方顾客与卖方顾客，并支持它们的交互活动，因而平台企业的双边顾客管理需要兼顾顾客网络的复杂性及顾客关系的动态性。

平台企业顾客网络的形成来源于双边顾客的关系互动。在传统的线下交易中，卖方（或制造方）与买方之间较少，甚至没有产生直接的交互和交易；卖方（或制造方）向分销商或经销商供应成品及附加组件，买方再通过购买渠道获取实体性产品。而在线上平台交易情境中，双边顾客分别与平台企业之间较少甚至没有发生直接实体性产品的流通，而是通过平台实现买方顾客与卖方顾客之间以实体性产品交易为基础的互动联系（Chakravarty 等，2014）。换言之，与传统线下交易的单向线性活动相比，线上平台交易增进了以平台企业为中介的买方与卖方之间的互动与联系，从而形成了平台企业的顾客网络。顾客网络随着双边顾客基数的增加而扩大；平台企业可通过调节两个或多个顾客网络之间的交互关系来促进平台顾客之间的价值共创（Boudreau 和 Jeppesen，2015；Reuver 等，2015）。

平台企业组织是一个多层次的网络结构。平台型组织的一个重要特点就是其灵活地融合了网络式、矩阵式和层级式等多种组织形式（Ciborra，1996）。从整体上来看，平台企业可看作是一个由多个嵌入式网络构成的系统（Systems of Nested Networks）（Moliterno 和 Mahony，2011），如图 3-2 所示。根据网络构成主体的差异性，平台企业的顾客网络可分为用户网络（即买方顾客网络）、互补品网络（即卖方顾客网络）和平台提供商网络（即平台企业）（Frels 等，2003）。

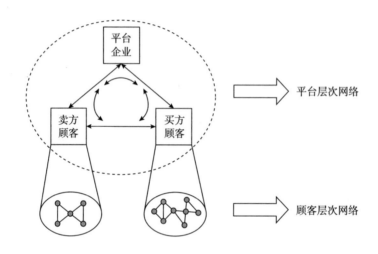

图 3-2 平台企业的网络组织示意

资料来源：笔者根据相关资料整理。

平台企业顾客网络的形成来源于买卖双方顾客内部关系网络的构建、买卖双方顾客网络间的互动，以及平台企业网络的自组织发展（白景坤等，2017）。平台企业顾客网络有两种不同的互动机制，即同层次网络之间的作用（如顾客网络与平台网络对其各自绩效的影响、顾客网络之间的相互影响）与跨层次网络之间的作用（如平台网络对顾客网络的影响、顾客网络对平台网络的影响、顾客网络对顾客个体的影响、顾客个体对顾客网络的影响）（Provan 等，2007）。

二、平台企业的市场资产

（一）平台企业市场资产的分类

市场资产（Market-based Assets）是指企业与其外部市场中的实体共同作用而产生的无形资产。这些资产虽然不完全被企业所控制，但是可以被企业所开发、增值和利用（Srivastava 等，1998）。市场资产可分为关系型市场资产（Relational Market-based Assets）与知识型市场资产（Intellectual Market-based Assets）（Srivastava 等，2001）。关系型市场资产是企业与关键外部利益相关者之间（如分销商、零售商、顾客、其他战略伙伴和政府机关等）的关系型产出；知识型市场资产是企业拥有的关于市场竞争环境的知识（包括市场现状和趋势，竞争者、顾客、渠道、供应商等实体的信息与洞察等）。现有的研究表明，基于市场资产构建企业核心业务流程可以帮助企业创造顾客价值和独特竞争优势，并提升市场绩效和财务绩效（Srivastava 等，1998）。

对市场资产的开发与利用是平台企业经营模式设计与管理的重要任务。与传统企业不同的是，平台企业侧重从对资源的控制转向对资源的协调，从内部的优化转向外部的互动（Van Alstyne 等，2016）。首先，电商平台企业为商家提供的不是某一类实体商品（Thomas 等，2014），而是通过提供基于交易市场的市场资源，包括大量买方顾客关系、市场信息和服务能力，从而吸引商家，并给商家创造价值（Chakravarty 等，2014）。其次，电商平台为促进商家与顾客之间的交易，它需要通过与各交易实体（包括顾客、商家、物流合作方等）的互动来建立紧密的关系，并在此过程中获取或检验市场知识与技能，从而积累形成其独有的且难以被复制的关系型市场资产和知识型市场资产。

市场资产的价值可表现为自身价值（Value-of-itself）和使用价值（Value-in-use）（Hanssens 等，2009）。虽然平台企业所提供的关系型市场资产和知识型市场资产都具有自身价值和使用价值，但是不同的市场资产在其价值实现的主要方式上会有所差异。例如，有些市场资产（如顾客规模、市场信息等）的价值主要体现在其本身的市场或交易价值，而另一些市场资产（如顾客互动渠道、交易管理能力等）需要在使用中才能体现其价值（Srivastava 等，1998）。

基于市场资产形态和市场资产价值实现方式侧重点的不同，可将平台企业管理卖方顾客（即商家）时的市场资产供给策略划分为四种类型（见图 3-3）。其中，存量型关系资产供给是指电商平台企业向商家提供潜在顾客资源；交互型关系资产供给是指电商平台企业向商家提供促进商家与顾客交互的资源；信息型知识资产供给是指电商平台企业向商家提供关于行业和市场的信息；技能型知识资产供给是指电商平台企业向商家提供开展线上经营所需要的相关技能。

市场资产价值实现方式的侧重点

	自身价值	使用价值
关系型资产	存量型 关系资产	交互型 关系资产
知识型资产	信息型 知识资产	技能型 知识资产

市场资产形态

图 3-3 平台企业为卖方顾客提供的市场资产类型

资料来源：李平，彭艳妮，康俊．平台市场资产对商家忠诚的影响研究——平台竞争的调节作用 [J]．管理评论，2019，31（2）：103-118.

（二）平台企业市场资产的作用

平台企业提供的市场资产（如商家网络、顾客网络、信息、互动关系等）是电商平台为买方顾客（即商家）创造价值的主要方式（Van Alstyne 等，2016）。因此，电商平台的四种市场资产可能会对商家感知价值产生影响。商家感知价值是指商家基于获得与付出而产生的对平台效用的整体感知（Zeithaml，1988）。当电商平台的资源和行为能给商家带来生产性优势或者需求性优势时，商家会获得较高的感知价值（Chen等，2014）。例如，电商平台上所聚集的顾客规模以及该平台所具备的市场交易能力均能提升商家对平台的感知价值，从而吸引商家的加入（Grewal 等，2001）。

电商平台企业现有顾客网络是其在网络市场上的重要资产（Shankar和 Bayus，2003），且其现有的顾客存量资源与商家的感知价值可能具有正向相关关系。首先，电商平台的跨边网络效应意味着该平台对商家的价值会随着顾客规模的扩大而增大（Grewal 等，2001；Hałaburda 和 Yehezkel，2016）。较大的顾客存量反映了该平台在顾客市场上的接受度高，且占有较大的市场交易份额，商家可因此感知到顾客偏向于选择该平台，从而增强了商家对加入该平台可获高收益的信心（Grewal 等，2001；Hałaburda和 Yehezkel，2016）。其次，电商平台企业的顾客存量资源可帮助商家降低成本。电商平台现存的大量顾客存量资源可以减少商家的顾客搜索成本与获得成本（Hooley 等，2005）。最后，较大的日常交易量也可使得商家完成一项交易的成本随着顾客总数和交易总量的增加而降低，从而实现规模经济效应（Hagiu，2014）。

除上述的存量型关系资产以外，电商平台企业给商家提供的交互型关系资产也可能会提升商家对平台价值的感知。交互型关系资产实质上是平台提供给商家用来管理顾客关系的资源、工具和过程。这种资产（如个性化工具、在线推荐系统、顾客反馈信息、顾客定制服务、交互式互动等）可帮助商家将潜在顾客转化为购买者，并维系与顾客的关系，从而给商家带来长期稳定的收入（Wang 等，2016）。此外，交互型关系资产可增强商家对顾客的控制力。交互型关系资产（如即时通信、积分管理系统等）可帮助商家与顾客建立经济性交易之外的社会性关系，提高顾客对商家的信任、安全感与转换成本，从而使商家的品牌与商品获得溢价（Srivastava等，1998；Hagiu 和 Rothman，2016）。

信息技术的广泛应用提升了电商平台企业通过数据获取、分析和交换来为商家创造价值的能力（Van Alstyne 等，2016）。与实体商店相比，电商平台上的商家多为个人或者小微企业，它们在经营资金和管理技能方面存在相对的劣势。因而，当电商平台所提供的知识型市场资产能帮助商家缓解资金和技能问题时，商家会感受到加入平台所带来的价值。

信息型知识资产可以降低商家获得市场信息的成本，并提高商家的经营管理能力，从而可能会提升商家对电商平台价值的感知。一方面，一个商家系统性地获得并分析顾客、竞争者及其自身的信息需要耗费相当数量的时间、精力和金钱成本（Kumar 等，2011）。因而，商家直接使用电商平台所提供的这些信息型知识资产可降低其信息成本。另一方面，通过对顾客、竞争者和商家自身信息的了解，商家可以提升在产品和服务经营以及内部管理方面的创新性（Han 等，1998）。例如，商家可利用顾客的信息来分析产品供需趋势和顾客购物决策与行为，为顾客提供更满意的产品和服务（尚晓燕和王永贵，2015）；通过掌握竞争者的动态和自身的经营状况，明确自身的竞争地位，制定相应的应对策略，或提升资源配置和运营流程的效率。

技能型知识资产也可能会提升商家对电商平台的价值感知，这是因为它可以使得商家以较低的成本来获取经营管理技能。电商平台通常会向商家提供相应的网络技术支持、标准化的店铺模板、易用的店铺管理工具，这不仅降低了商家为获得基本经营管理技能的学习成本，而且也为商家避免了在一开始就为技术投入大量的资金（Wang 等，2016）。

三、平台企业的市场制造者角色

基于平台企业在促进买方顾客与卖方顾客间产生互动关系时所发挥的中介角色，平台企业可被视为市场制造者（Market Maker），并主要承担创建、维系与治理市场的职能与责任（Grewal 等，2010）。

顾客管理是一项包含顾客识别、顾客知识创造、构建顾客关系以及塑造顾客对企业及产品看法等方面的综合业务过程（Srivastava 等，1999）。顾客管理由多个子流程构成，其中包括顾客获取（Customer Acquisition）、顾客维系（Customer Retention）和顾客治理（Customer Governance）（Rust 等，2004）；这要求平台企业在每个子流程中都要采用适当的顾客管理策略，以激发顾客管理的价值创造效应、溢出效应及数据效应，从而提升平台企业顾客管理绩效（康俊 等，2019）。

具体来说，首先，平台企业要积极连接双边（或多边）市场（或网络），吸引并获取买方顾客与卖方顾客，从而构建平台企业的顾客网络，并激发顾客网络效应。其次，平台企业应维系并保留其所拥有的双边顾客规模，促进买方顾客与卖方顾客之间的互动与交易，从而增强顾客网络效应。最后，平台企业还需适当地采取顾客管理及治理策略，确保平台市场各方参与者交易的公平性与有效性，从而形成可持续发展的高质量顾客网络。接下来的内容将从顾客获取、顾客维系及顾客治理三个方面，介绍平台企业作为市场制造者，在构建顾客网络、提高顾客网络效应以及管理可持续的顾客网络中所发挥的职能角色，并详细总结平台企业在顾客管理各阶段中的具体策略与行为，以及其对平台企业绩效的影响路径。图3-4展示了平台企业顾客管理策略的分析框架。

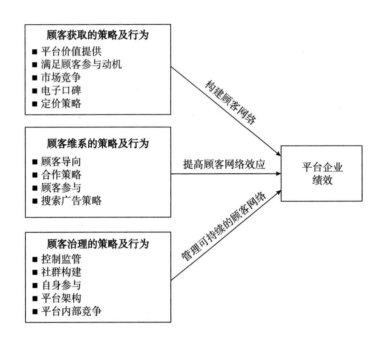

图3-4 平台企业顾客管理策略的分析框架

资料来源：Yang Z. , Z. Diao, J. Kang. Customer Management in Internet-based Platform Firms: Review and Future Research Directions [J]. Marketing Intelligence & Planning, 2020, 38（7）: 957-973.

（一）顾客获取：构建顾客网络

顾客获取是平台企业顾客管理的第一个子流程，从顾客与平台企业进行首次交互开始，再到顾客重复使用并与平台企业进行再次交易的过程均属于顾客获取的范畴（Thomas，2001）。在基于平台模式的交易形式下，顾客与平台企业之间没有直接的产品或服务交易环节，而是以平台为中介，直接实现买方顾客与卖方顾客间的互动与交易（Chakravarty 等，2014）。平台企业积极获取双边顾客，促进买方顾客与卖方顾客间的互动与交易，是平台企业构建顾客网络并激发顾客网络效应的关键环节与重要基础。因此，平台企业作为市场制造者，其面临的第一个任务就是要采取适当的营销策略与行为有效吸引双边顾客，并将其转换为平台企业用户，凭借双边顾客规模构建顾客网络，从而为发挥顾客网络效应奠定基础。

（二）顾客维系：提高顾客网络效应

顾客维系是平台企业进行顾客管理的第二个子流程，其范围涵盖顾客与平台企业初次进行互动及交易，直到顾客与平台企业终止关系的全部过程（Thomas，2001）。顾客网络效应（Network Effects）是指随着顾客网络规模的扩大，平台双边顾客可获取的效用也随之改变（Van Alstyne 等，2016）。平台企业通常在双边市场（Two‐sided Markets）或多边市场（Multi-sided Markets）上开展业务，因而顾客网络效应是平台企业各市场中顾客网络自身及其相互作用的结果。根据网络效应的不同作用对象，平台企业的顾客网络效应可分为跨边网络效应（Cross-side Network Effects）和同边网络效应（Same-side Network Effects）。

跨边网络效应也称间接网络效应（Indirect Network Effects）。它是指在两个相互依赖的市场中，一个市场所付出的成本或取得的收益会受另一个市场的影响（Chen 和 Xie，2007）。在平台经营中，它表现为该平台企业对卖方顾客（或买方顾客）的价值在很大程度上取决于买方顾客（或卖方顾客）的价值（Katz 和 Shapiro，1985；Hagiu，2014）。跨边网络效应的存在使双边顾客成为平台的关键资源（龚丽敏和江诗松，2016）。换言之，平台企业一方顾客现有基数可推动另一方顾客数量的增长，从而实现平台企业的整体增长。然而，跨边网络效应是不对称的。例如，Chu 和 Manchanda（2016）发现，在淘宝电商平台中，卖方顾客现有基数对买方顾客增长的影响比买方顾客现有基数对卖方顾客增长的影响更大。而且，随着平台生命周期的推延，卖方对买方的跨边网络效应也会增强，随后趋于平稳，而买方对卖方的跨边网络效应则相对稳定。

同边网络效应也称直接网络效应（Direct Network Effects）。它发生于同一顾客网络的内部，反映了买方顾客（或卖方顾客）数量的增加对买方顾客（或卖方顾客）所得到效用的影响。需要说明的是，跨边和同边网络效应都是可正可负的（Eisenmann 等，2006；曹俊浩等，2010）。跨边网络效应通常是正向的，但也可能是负向的。例如，在购物平台中，卖方顾客规模的扩大可为买方顾客提供更大的价值；但在视频平台中，若广告方顾客规模过大，则可能会降低观众方顾客的利益。同边网络效应通常是负向的，但也可能是正向的。例如，在购物平台资源一定的情况下，卖方顾客规模的扩大会增强平台内部竞争，降低单个卖方顾客获得的效用；但在社交平台中，同边用户规模的扩大则会增强用户网络效应，提高单个用户获得的效用。

顾客网络效应是平台企业应对差异化竞争的战略基础；平台企业可基于顾客网络效应为双边顾客提供广泛的信息和服务，提高双方成功匹配的可能性和效率，从而促进双边顾客（买方顾客和卖方顾客）交易的有效进行（Evans，2003；Thomas 等，2014；杜玉申和杨春辉，2016）。因此，平台企业作为市场制造者，面临的第二个任务就是要维系双边顾客，以充分发挥顾客网络效应；借助同边顾客网络效应和跨边顾客网络效应，实现平台企业的价值创造与价值共享，从而提升平台企业绩效。

（三）顾客治理：管理可持续的顾客网络

平台企业对双边顾客进行有效治理是顾客管理的第三个子流程，顾客治理包括平台企业规制双边顾客并协调其互动和交易的管理政策及治理机制（Song等，2018）。平台企业双边顾客网络效应不仅受双边顾客规模的影响，而且受其质量的影响（李治文等，2014）。双边顾客的质量、多样性、忠诚度及交易意愿既会影响到顾客的总体数量，也会影响到单个顾客所获得的效用，进而影响平台企业的市场份额（Weyl，2010）。

平台企业通过采取有效的顾客治理策略及行为，有助于提升双边顾客网络的稳定性，进而促进平台企业的健康可持续发展。首先，平台企业顾客治理有助于提升双边顾客的质量，确保平台企业同边顾客网络效应和跨边顾客网络效应的有效发挥（Li和Pénard，2014）。其次，平台企业顾客治理有利于遏制双边顾客的机会主义行为（如不正当竞争、信息不对称等），从而构建稳定的顾客网络关系。最后，平台企业顾客治理为解决双边顾客机会主义行为或恶意非法行为提供了多样化的处理方案，有利于提升平台可持续管理顾客的能力及水平（Tellis等，2009；Caldieraro等，2018）。因此，平台企业作为市场制造者，面临的第三个任务是要对双边顾客进行有效治理，通过构建差异化的治理机理及治理手段，确保平台企业顾客网络效应的稳定发挥，从而实现平台企业的高质量发展与可持续经营。

第二节　平台企业的顾客获取

平台企业对双边顾客的获取旨在构建顾客网络并激发顾客网络效应，提升顾客管理绩效，进而提高平台企业绩效。平台企业获取顾客的策略及行为可归为五类，即平台价值提供、满足顾客参与动机、市场竞争、电子口碑及定价策略。

一、平台价值提供

平台企业所创造的价值是吸引双边顾客加入平台并将其转化为平台真正用户的关键因素之一。平台企业可通过匹配买卖双方的供给与需求、创建与管理平台内容、为顾客创造机会以及提供附加服务等方式，让买方顾客和卖方顾客充分感知到平台企业的价值，从而吸引它们加入（Grewal 等，2001；Grewal 等，2010；Kude 等，2012）。一般来说，双边顾客可感知到的平台企业价值集中体现在平台技术质量、平台互补品质量和平台网络效应三个方面（Cennamo，2018）。

平台技术质量能改进平台企业的服务与交易能力，增强平台的核心功能。一方面，平台企业可基于全新或改进的技术性能（如优化客户运营平台、拓展兼容功能、自动升级系统），提升双边顾客使用平台服务时的便捷性（Cennamo，2018）；另一方面，平台企业可通过与其他互补平台之间的界面互通技术升级，实现顾客操作平台界面的优化设计和系统性创新，为顾客创造更好的使用体验（McIntyre 和 Srinivasa，2017；Gupta 等，

2019）。例如，Soonsawad（2013）指出平台企业的技术可用性、交互性、信任机制及界面美学设计可有效地增强用户体验，并促使平台将其潜在用户转化为真正用户。

平台互补品质量是指平台企业依靠自身兼容性所吸引的外部互补性资源的质量。平台企业基于互补品搭建的生态系统可为双边顾客提供便捷服务，提高用户体验和顾客感知价值，从而使整个平台企业系统更具竞争力（李震和王新新，2016）。例如，一些平台企业在初创期会通过开放第三方商业服务平台，构建平台企业生态系统，为双边顾客提供更多样化的互补性产品和服务，以获取更大的市场份额（Zhu 和 Iansiti，2012；Reuver 等，2015）。

平台网络效应使一边顾客可享受到同边或另一边顾客提供的价值（Tellis 等，2009）。网络效应能使双边顾客的市场资源（如大量买卖双方顾客关系、市场信息、互动平台和服务能力）实现有效对接，以增强双边顾客的感知价值。平台企业凭借技术优势，将分散的供给与需求有效地整合并匹配给双边顾客，从而实现平台生态系统各方参与者和利益相关者之间的价值交换与互联互通（Wirtz 等，2019）。因此，平台企业应有效激发和维持平台网络效应，为顾客创造更多的价值，以吸引买方顾客与卖方顾客（Chakravarty 等，2014；李震和王新新，2016）。

二、满足顾客参与动机

双边顾客参与平台企业的动机可分为两类：一类是提高效率的经济型动机（Efficiency Motive），另一类是提升合法性的制度型动机（Legitimacy Motive）（Grewal 等，2001）。提高效率的经济型动机是指双边顾客为了追求经营效率和降低成本而参与平台。一方面，买方顾客不仅有可能通过线上平台企业以较低的价格获取大众化产品，而且还有可能获得自己喜欢而又很难在线下渠道购买的非大众化产品；另一方面，单个的卖方顾客可以借助现有的平台资源，以较少的投入和较低的风险接触到这些买方顾客，从而提高交易和产品流通效率，降低自身的经营成本（Rindfleisch 和 Heide，1997）。提升合法性的制度型动机是指双边顾客为了顺应社会规范和制度期望而参与平台。例如，当平台化经营方式流行时，卖方顾客要想得以长期稳定发展，必须遵守新的市场规范，顺应发展趋势，从而获得市场认可（DiMaggio 和 Powell，1983）。因此，卖方顾客会选择参与某一平台企业以提高自身身份的合法性。

平台企业的卖方顾客按其参与动机和参与程度的差异可分为三类，即高经济型动机低制度型动机的专家型（Expert）顾客、介于经济型动机和制度型动机之间的探索型（Exploration）顾客和低经济型动机高制度型动机的被动型（Passive）顾客（Grewal 等，2001）。专家型顾客通常已成功地重新设计了业务流程，并拥有与市场相关的资源和技能，能有效地在平台企业中运作。探索型顾客却处于"试水"状态，尚不知如何有效地参与平台市场，需要投入更多的时间和精力整合资源、重新设计并实践新的业务流程。被动型顾客往往由于害怕承担风险，不愿意在平台运作中扩大资本投入，因此在平台市场中几乎没有业务。

三、市场竞争

平台企业可以通过平台间的市场竞争来获取顾客。平台间竞争通常表现为平台间争夺买方顾客的竞争和平台间争夺卖方顾客的竞争（Chen 等，2014）。基于平台企业跨边网络效应与市场竞争所带来的信号效应和收益效应，平台企业在买方顾客端的竞争策略和行为可以影响到卖方顾客对平台的价值感知（Evans，2003）。因此，平台企业通常倾向于在买方顾客端进行市场竞争，一方面是因为卖方顾客对于平台的需求取决于平台所聚集的买方顾客需求，在双边市场上为扩大买方顾客群所进行的竞争可提升平台收入（Evans，2003；Chen 和 Xie，2007）。另一方面是由于跨边网络效应的存在，平台企业在一边市场上的竞争可降低在另一边市场上的竞争，因此平台企业在买方顾客端的激烈竞争可以缓解平台在卖方顾客端的竞争；考虑到卖方顾客是平台经营收入的主要来源，因而在买方顾客端的竞争不会给平台的收入产生严重的负面影响（Reisinger，2012）。

平台企业通过市场竞争不仅在行业内部获取双边顾客，而且还可以在行业间扩大用户规模。例如，一些领先的平台企业可能会利用它们已有的高收益来进行市场投资，或发起价格战，以期从买方顾客端驱逐弱小的竞争者平台（Hagiu，2014）。某些平台企业也可能将这种竞争拓展到不同经营领域以实现"赢者通吃"（Winner-take-all，WTA）。"赢者通吃"效应是指拥有庞大用户量的平台企业借助网络效应，快速扩展平台网络用户数量和互补品数量以占领市场，从而使得强者更强（Besen 和 Farrell，1994；Caillaud 和 Jullien，2003）。当顾客对平台差异化需求较低，且平台企业属于大众市场的领导者，并在平台生态系统中具有竞争独特性时，该平台企业可通过提供多样且差异化的产品和服务来增强其顾客关系。此时，"赢者通吃"效应对平台企业绩效的影响显著。但是，当顾客对平台差异化需求较高，且平台企业的目标顾客群体较小时，平台企业若以同样的强度和增速同时在多个领域追求"赢者通吃"效应，那么"赢者通吃"效应对平台企业绩效的影响则不显著（Cennamo 和 Santalo，2013）。

四、电子口碑

电子口碑通常发生在平台企业双边顾客向其他潜在顾客提供有关产品、服务、品牌或企业信息的过程中（Strauss，1997）。平台企业可以利用在线网络（如社交媒体）中的现有顾客生成内容（如顾客评分及评论等），充分发挥基于电子口碑传播的印象管理、情绪调节、信息获取、社会联系及说服机制，从而影响其他潜在顾客的态度及行为（Berger，2014）。虽然每一个新顾客所生成的电子口碑不能直接影响现有顾客的效用，但是它可以影响现有顾客和潜在顾客对平台未来效用的期望（Wiegand 等，2015）。同时，平台企业通过展示销售数量及顾客评分可以更好地激发电子口碑，而非展示传统企业情景下的销售额（Rosario 等，2016）。因此，平台企业应优化顾客评论功能设计，鼓励现有顾客生成具有积极情绪的互动内容，从而充分实现双边顾客正面电子口碑的病毒性传播（Berger 和 Milkman，2012）。例如，在企业对顾客电子商务模式（Bussiness to Customer，B2C）下，平台企业可鼓励现有顾客在决策服务、通达服务、交易服务、支付服务、物流服务及售后服务这六个方面形成并传播电子口碑，以吸引其他顾客（左文明等，2018）。

五、定价策略

平台企业可综合采取静态定价（Static Pricing）与动态定价（Dynamic Pricing）相结合的机制来获取双边顾客（Bapna 等，2003）。静态定价机制是指平台企业不考虑顾客参与阶段及角色差异，对各方均采用固定的价格。动态定价机制是指平台企业根据顾客的参与阶段制定差异化的动态价格；或同一阶段下，对双边顾客实施一边高（低）而另一边低（高）的

"跷跷板"式定价（Kanuri 等，2017）。例如，在线零售平台企业可将关键词拍卖系统及排名系统整合到动态定价策略，从而满足具有差异化广告需求的卖方顾客（Choi 和 Mela，2019）。

与静态定价相比，动态定价（如歧视定价策略）有助于平台企业获得更高的利润，但不利于提升双边顾客效用及社会福利（张凯等，2017）。不论采取哪种定价机制，首先平台企业都要确认哪方顾客需向平台支付费用；其次需明确一方顾客的费用是否补贴另一方顾客，以吸引更多的顾客，从而激发顾客网络效应（Rochet 和 Tirole，2003；Hagiu，2006）。

第三节　平台企业的顾客维系

平台企业通过顾客获取策略扩大顾客基数后，需进一步锁定并维系顾客，以扩大顾客规模、提升顾客质量（如顾客关系的稳定性），通过发挥顾客网络效应，提高平台企业绩效。平台企业的顾客维系策略及行为包括顾客导向、合作策略、顾客参与及搜索广告策略四个方面。

一、顾客导向

平台企业的顾客导向是指平台旨在了解、服务和满足（买方和卖方）顾客需求的程度，它是由双边顾客依赖关系和平台属性相互作用而决定的。由于平台企业面对的是双边顾客，因此，平台企业的顾客导向策略需同时考察总体顾客导向与顾客导向非对称性（Chakravarty 等，2014）。

总体顾客导向（Total Customer Orientation）即平台企业需同时了解、

服务和满足买方顾客和卖方顾客的需求。为保障双边顾客的交易效率，平台企业必须采取总体顾客导向策略。这是因为双边顾客间的跨边网络效应使得平台企业对一方顾客的吸引力来源于另一方顾客的价值。平台企业通过增强对双边顾客的支持意图，可降低顾客维系成本，提升顾客网络的价值，从而提高平台企业绩效（Kanuri 等，2017）。然而有研究表明，总体顾客导向策略的有效性受双方顾客集中度的影响。例如，在企业对企业电子商务模式（Bussiness to Bussiness，B2B）下，当卖方顾客集中度高时，通过加强总体顾客导向，可提高平台企业绩效；但当买方顾客集中度高时，加强总体顾客导向，却不一定能提高平台企业的绩效（Chakravarty 等，2014）。

顾客导向非对称性（Customer Orientation Asymmetry）是指相比于一方顾客，平台企业更侧重了解、服务和满足另一方顾客的程度。这种非对称性策略之所以有效是因为不同顾客为平台企业创造的价值具有差异性（Gupta 和 Lehmann，2005）。例如，广告媒体平台有可能特别强调对买方顾客的顾客导向，这是因为卖方顾客加入平台企业意愿的强弱，取决于平台中买方顾客需求的高低（Chen 和 Xie，2007）；而在线零售平台则更关注对卖方顾客的顾客导向，因为卖方顾客的跨边网络效应要强于买方顾客的跨边网络效应（Chu 和 Manchanda，2016）。再如，当卖方顾客与买方顾客都是单一归属（即只使用一个平台）时，平台企业对卖方顾客收费，而对买方顾客免费的策略可以促进卖方顾客降低成本、提高质量的投资，但是会降低卖方顾客对价格差异化的投资（Belleflamme 和 Peitz，2010）。顾客导向非对称性策略的有效性也受到双方顾客集中度的影响。当卖方顾客集中度高时，B2B 平台企业应加强对买方顾客的非对称性导向；反之，当买方顾客集中度高时，应加强对卖方顾客的非对称性导向（Chakravarty 等，2014）。

二、合作策略

合作策略即平台企业通过与外部其他企业建立战略合作伙伴关系，构建平台企业生态系统（Fehrer 等，2018）。平台企业生态系统由一系列相互协作的合作伙伴构成，其中每一个合作伙伴在生态系统中都具有特定的角色和具体的职责。平台企业通过构建各参与者及利益相关方之间的战略合作关系，增强双边顾客的感知价值，提高顾客退出平台企业生态系统的成本，进而提升平台企业顾客关系的稳定性与持久性（Mäekinen 等，2014）。

平台企业应根据其自身独有的特点，基于竞合关系选择特定的合作伙伴，以在合作伙伴间实现优势互补与资源共享，从而构建功能全面、独具特色、难以模仿的平台生态系统（龚丽敏和江诗松，2016；李震和王新新，2016；李震和王新新，2016）。合作伙伴的选择可能决定平台企业未来的价值和生存时间，平台企业在选择合作伙伴时应注重质量优于数量，选择实力雄厚的公司比选择多家普通公司可能更有益，同时平台企业也要优化自身资源与合作伙伴资源的互补与匹配关系（Wiegand 等，2015）。

三、顾客参与

顾客参与是指平台企业与双边顾客间创造深层次且有意义的联系与互动的方式（Kumar 等，2010）。平台企业通过激发顾客参与行为，强化平台企业与顾客间以及顾客与顾客间的互动强度，以构建稳定的双边顾客关系并减少顾客流失，从而不断实现顾客推荐价值、顾客影响价值及顾客知识价值。

平台企业在内部优化平台技术接受度（如期望绩效、期望努力、社会影响等）并在外部强化互动关系（如产品互动、人际互动等），可以增强顾客价值感知，促使双边顾客产生多元化的参与行为，以实现平台企业与顾客间的价值共创（左文明等，2020）。首先，平台企业通过积极发起顾客推荐计划（如拼多多邀请好友砍价活动），鼓励现有顾客产生顾客推荐行为，激发顾客推荐价值；这不仅有助于平台企业利用现有顾客价值吸引其他潜在顾客，还有利于巩固双边顾客网络关系（Venkatesan，2017）。其次，平台企业应创建并优化支持双边顾客直接互动的通信工具（如聊天系统、评论专栏等），搭建顾客与平台间以及顾客与顾客间实时互动的平台，促使双边顾客通过用户生成内容（User-generated Content，UGC）影响其他顾客的态度及行为，从而体现顾客影响价值（Viglia 等，2018；Meire 等，2019）。最后，平台企业可以在产品设计及市场推广等方面与顾客进行互动（如苹果邀请用户参与新版系统的内测），促使双边顾客与平台企业共同开发新产品，以鼓励其贡献自己的创意及建议，发挥顾客知识价值（Stephen 等，2016）。顾客推荐行为、顾客影响行为及顾客反馈行为一方面可以提升双边顾客的满意度及其对平台企业的归属感，另一方面还可以通过社会传染效应强化顾客价值，从而提升平台企业双边顾客的保留度（Harmeling 等，2017）。

四、搜索广告策略

平台企业可以通过搜索广告策略来维系双边顾客。一方面，平台企业通常基于搜索广告的竞价系统，允许卖方顾客对与目标买方顾客相关的需求关键词进行竞价，并根据关键词的搜索结果（如关键词排序、点击量等）向卖方顾客收取相应的广告费用（Fang 等，2015）。随着买方顾客对卖方顾客广告搜索频率的提高，平台企业可通过广告竞价的方式增强卖方顾客的产品与关键词广告的匹配程度，以提升广告点击率，从而提高双边顾客质量及关系的稳定性。

另一方面，平台企业还可以采用搜索广告的另一种策略，即选择性推广。平台企业主动向买方顾客推送拥有较高质量或具有良好口碑的商家，而不只是优先推广具有市场领导者地位的商家。这不仅有助于平衡平台企业卖方顾客资源，而且有利于满足买方顾客的差异化需求，从而增强平台企业生态系统的整体价值（Rietveld 等，2019）。

平台企业需采用多种营销策略鼓励双边顾客认可并使用平台搜索广告。针对卖方顾客，平台企业可采取免费或补贴的方式鼓励卖方顾客增加广告投入，帮助卖方顾客增强其在平台中的影响力；针对买方顾客，平台企业可采取外部搜索引擎链接或内部即时消息、电子邮件通知等形式，提高买方顾客的广告点击率，增强买方顾客对平台的关注度，从而维护网络效应（李小玲等，2014；Wang 等，2016）。

第四节　平台企业的顾客治理

当前部分平台企业仍存在重规模、轻质量、竞争不规范以及盲目进入市场等问题。例如，平台企业中的一些顾客为了争取短期利益而发生投机行为，具体表现为售卖劣质产品、采用恶意刷单、制造虚假好评及不正当利用用户数据（如信息优势方通过欺骗信息劣势方以获取额外收益导致的"柠檬问题"、恶意泄露用户隐私数据）等；当顾客网络中出现上述问题时，其危害会因网络效应而迅速扩大，给双边顾客造成损失（Tellis 等，2009；汪旭晖和张其林，2017；Morath 和 Münster，2018）。因此，平台企业需要采取必要的市场治理措施，改善顾客质量，确保平台企业及双边顾客价值创造的稳定性，提高平台企业绩效。平台企业的顾客治理策略及行为主要体现在以下五个方面，即控制监管、社群构建、自身参与、平台架构及平台内部竞争。

一、控制监管

在平台企业创建初期，顾客的数量固然重要，但在成熟期，顾客的质量更为重要，尤其是卖方顾客的质量（Li 和 Pénard，2014）。因此，平台企业需采取控制监管治理策略，主动监督并掌控双边顾客的市场交易行为，积极构建并维持平台交易规则及交易秩序，确保双边顾客互动行为的合法性（Grewal 等，2010）。平台企业通常采用审查双边市场顾客合法性身份、建立透明的企业及产品信息披露机制、检验卖方提供的产品、跟踪不道德的交易、监控双边市场顾客行为等典型控制监管策略，以维持平台企业的顾客质量（Kambil 和 Van Heck，2002；Caldieraro 等，2018）。

平台企业可通过构建惩罚机制和奖励机制实现对双边顾客的控制监管。当平台企业不断发展并占据一定市场份额后，平台企业应评估不合理的双边顾客的临界状态，并根据关系嵌入程度采取适当的惩罚措施，例如，拒绝顾客进入平台、阻止产品及服务交易、对违规顾客进行罚款警告甚至使其退出平台市场。此外，奖励机制也是控制监管治理策略的重要形式，即平台企业对遵守规范且口碑较好的顾客进行正面激励（如给予广告支持、减免平台使用费用等），从而增强其自身发展的动力（Kumar 等，2011）。

由于双边顾客网络具有一定的示范效应，平台企业对部分顾客采取控制监管的影响可以扩散到其他双边顾客。例如，平台企业通过直接威慑效应和建立信任过程这两种作用机制，发挥对双边顾客"杀一儆百"的作用，实现对顾客市场的有效治理（Wang 等，2013）。Grewal 等（2010）研究发现，在市场需求波动明显和平台企业声誉好时，控制监管治理策略更有效。这是因为控制监管可填补需求信息缺失，抑制投机行为，确保平台市场需求的稳定性；而且，平台企业通过自身声誉，可提高控制监管的合法性和有效性。

二、社群构建

社群构建治理是指在平台企业顾客之间建立一种社群意识，并利用公认的社会化规范观念来构建彼此间的信任体系，以起到相互制约监督的作用（Wathne 和 Heide，2000）。平台企业在双边顾客网络中采取社群构建治理策略，首先，可以约束双边顾客的交易及互动行为，降低由顾客机会主义行为所产生的顾客网络风险。其次，在构建双边顾客社群意识的同时，有利于在平台企业内部形成特定的文化规范，以起到平台自治的效果，从而提升平台企业双边顾客及其所发挥顾客网络效应的质量（Eckhardt 等，2019）。Grewal 等（2010）研究发现，当买卖双方采取静态定价时（即买卖双方交易的价格是相对固定的），社群构建治理策略更有效。这是因为在静态定价时，平台企业参与者行为具有较低的不确定性，其行为相对透明，社群中的参与者彼此之间相互了解，可违规的空间较小，平台市场性能较高。

三、自身参与

自身参与治理是指平台企业以卖方顾客的身份参与到平台运营中（Grewal 等，2010）。平台企业采取自身参与治理策略时，首先，通过产品销售真实体验基于平台的交易流程及互动过程，从而优化平台企业的内部设施建设；其次，平台企业以商家的身份参与产品经营，可以为买方顾客提供标准化的优质服务，从而为其他商家树立"模范"，以提升卖方顾客的整体水平；最后，平台企业通过自营业务可以减少其他商家为买方顾客提供的冗余产品，从而推动卖方顾客的产品及服务创新（Wen 和 Zhu，2019）。

自身参与治理虽然可以帮助平台企业基于其内部运作积累的实际经验对平台管理进行优化，但是这种策略也可能会形成相对其他独立卖方顾客的不公平竞争优势（Kambil 和 Van Heck，2002）。例如，亚马逊公司为保证平台整体质量，会在众多产品中选择销售高需求和高购买频率的产品，而不是"长尾"产品（Jiang 等，2011）。Grewal 等（2010）研究发现，当买卖双方采取动态定价（即买卖双方交易的价格是动态的，如通过竞标等方式确定交易价格）和平台企业声誉良好时，自身参与治理策略更有效。这是因为平台企业可通过自身参与来降低其他参与者带来的动荡性影响。而且，当平台企业在所有参与者中享有信誉和信任时，这种策略可帮助其他参与者降低因平台企业的利己行为而产生的担忧。

四、平台架构

平台架构主要体现在对平台各接口的规范化设计与管理，即具体说明应该如何划分平台生态系统，并对其各部分所形成的交互关系进行有效管理（Tiwana 等，2010；McIntyre 和 Srinivasa，2017）。平台企业通过技术支撑及技术赋能，对平台内部代码进行优化与调整，一方面，可构建顾客自动识别系统，根据特定标准筛选出信用较低的双边顾客，从而提升进入平台的顾客质量并降低双边顾客管理风险；另一方面，平台企业通过追踪双边顾客的各类行为轨迹，构建多源异构的顾客行为数据库，从而为后续的双边顾客治理提供决策依据（Parker 等，2016；江小涓和黄颖轩，2021）。

平台架构设计需以新一代信息技术为支撑，这要求平台企业应积极探索各项前沿技术在平台架构设计中的具体应用。首先，平台企业基于人工智能和机器学习，可构建顾客分级监督预警机制，通过分析双边顾客生成的结构化数据与非结构化数据，预测并披露顾客的机会主义行为，从而确保顾客质量（Kumar 等，2018）。其次，平台企业利用大数据和深度学习可以优化顾客评级系统，通过跟踪双边顾客的交易及互动行为，对顾客评论及评分的真实性及有效性进行科学评估，以充分发挥顾客价值（Wirtz 等，2019）。最后，平台企业可借助区块链技术确保双边顾客身份的真实性及交易过程的安全性，通过构建信任机制，实现平台企业的双边顾客治理（Schmeiss 等，2019）。

五、平台内部竞争

平台内部竞争发生于平台企业中任何一方顾客（买方顾客或卖方顾客）之间的竞争。平台企业构建适当的内部竞争，利用"优胜劣汰"的市场竞争机制对双边顾客行为进行约束，通过提升顾客质量实现顾客治理。

平台内部竞争具有非对称性，因此平台企业需明确应使哪一方顾客保持一定的竞争水平（Parker 等，2017）。例如，平台企业内部卖方顾客之间的竞争有利于推动平台型商业模式的发展，提升平台企业自身整体竞争地位（Armstrong，2006；桂云苗等，2018）。这是因为适当提高平台企业内部卖方顾客竞争强度可以有效地促进卖方顾客为买方顾客提供更优质的服务和多样化产品，从而更有效通过间接网络效应，增加买方顾客的使用量，扩大顾客网络（Bapna 等，2003）。此外，平台企业内部竞争还可为双边顾客增加价值交换的机会，降低双边顾客的交易成本和搜索成本，从而保证双边顾客网络效应的稳定性（Cennamo 和 Santalo，2013）。

然而，平台企业内部竞争也存在一定的弊端。当平台卖方顾客内部竞争达到一定程度时，更为激烈的内部竞争会把大量的市场需求分摊给具有竞争性的卖方顾客，导致卖方顾客之间的受益程度差异扩大；此外，部分现有卖方顾客也可能选择离开该平台，或者其他潜在卖方顾客选择不进入该平台开展业务（这也被称作负向的同边网络效应）（Chen 等，2014）。当卖方顾客间的负向同边网络效应很严重时，平台企业有必要对卖方顾客数目进行调控，以维持平台内部的稳定发展，从而实现双边顾客治理（Eisenmann 等，2006）。

第五节　平台企业顾客管理面临的挑战

随着平台经营模式的成熟与发展，平台企业内外部日趋激烈的竞争环境，买方顾客去平台化的交易行为，卖方顾客通过自建渠道构建私域流量，以及国家层面的相关法律规制等都对平台企业管理双边顾客提出了新挑战和新要求。

一、平台内外部竞争

（一）平台竞争的划分

平台竞争包括平台内部竞争和平台外部竞争。内部竞争发生在归属于同一平台的单边用户之间，而外部竞争发生在两个或多个平台企业之间（Roson，2005）。从竞争主体（或对象）来看，平台内部的竞争可以分为买方顾客之间的竞争和卖方顾客之间的竞争。平台外部竞争也可以分为平台间争夺买方顾客的竞争和平台间争夺卖方顾客的竞争（见图3-5）。

竞争主体（或竞争对象）

		买方顾客（顾客）	卖方顾客（商家）
平台竞争来源	平台内部	平台内部顾客之间的竞争	平台内部商家之间的竞争
	平台外部	平台间争夺买方顾客的竞争	平台间争夺卖方顾客的竞争

图3-5 平台企业的内外部竞争类型

资料来源：笔者根据相关文献整理。

本部分基于前文所提出的平台企业四种市场资产（即存量型关系资产、交互型关系资产、信息型知识资产、技能型知识资产），具体分析电商平台内外部竞争对平台企业市场资产作用效果的影响机制。根据电商平台企业管理卖方顾客的具体实践，关于平台内外部竞争的影响只聚焦于平台内部商家（即卖方顾客）之间的竞争和平台外部争夺顾客（即买方顾客）的竞争。

（二）平台内部竞争的影响

电商平台内部的竞争主要是由同类商家的数量决定的，较高的平台内部竞争强度意味着同行业、同质化经营的商家数量较多。虽然电商平台所拥有的存量型关系资产表明该平台的潜在市场需求量大，但是在激烈的平台内部竞争环境下，这种存量型关系资产对商家感知平台价值的影响会被削弱，这是因为激烈的内部竞争实际上把大量的市场需求分摊给了所有竞争性商家（Chen 等，2014）。此外，高存量型关系资产给商家所带来的顾客搜寻与获得成本优势也可能会被激烈的内部竞争所抵消，这主要是由于当顾客面对大量的商家信息时，平台上单个商家被发现的概率变小，从而提高了商家的被搜索成本，进而对商家的销售收入形成一定的负面影响（任晓丽等，2013）。因此，当平台内部商家之间的竞争激烈时，存量型关系资产对商家感知价值的影响可能会被削弱。

类似地，交互型关系资产给商家带来的顾客转化和顾客控制优势也可能会被激烈的平台内部竞争所削弱。这是因为，激烈的内部竞争一方面使商家可能拥有的独特性变得不明显，丧失相对经营优势；另一方面使顾客可以轻而易举地从一个商家转移到另一个提供相似产品的商家（Chen 等，2014）。此时，商家将潜在顾客转化为购买者并维持长期顾客关系的成功率会降低。

与上述关系型市场资产不同的是，知识型市场资产在激烈的平台内部竞争环境中对商家感知价值的影响可能会更加显著。面对商家之间激烈的竞争，一个商家会更加重视了解与竞争者动态、顾客需求变化和自身经营等方面相关的信息（Jaworski 和 Kohli，1993）。此时，电商平台所提供的信息型知识资产会显得更有价值，因为它们有助于推动商家改善商品组合、改进内部管理或完善销售策略，以应对市场竞争（Cennamo 和 Santalo，2013）。

类似地，激烈的内部竞争可能会促使商家更好地使用平台所提供的技能型知识资产，以提升其经营管理技能。因为各商家可使用的技能型知识资产具有相似性，激烈的内部竞争给商家提供了学习或模仿其他商家创新性行为的可能性（Chen 等，2014），从而使得商家在提升经营管理技能的同时可以进一步降低学习成本。

（三）平台外部竞争的影响

虽然电商平台企业之间可能为获得顾客或商家而展开竞争，但是电商平台企业的外部竞争通常表现为针对顾客的竞争。电商平台企业之所以多选择在顾客端进行竞争，一方面是因为商家对于平台的需求取决于平台所聚集的顾客需求（Chen 和 Xie，2007），另一方面是因为商家是平台企业经营收入的主要来源，顾客端的激烈竞争不仅可以缓解平台在商家端的竞争，而且不会给平台的收入产生严重的负面影响（Reisinger，2012）。由于跨边网络效应，电商平台企业在顾客端的竞争策略和行为可以影响商家对平台的价值感知（Evans，2003）。

平台企业在发起或参与平台间针对顾客的竞争时有两种选择，要么针对小众市场的顾客，强化平台在顾客心目中的差异性；要么瞄准大众市场，展开针锋相对的价格性竞争（Cennamo 和 Santalo，2013）。电商平台企业都知道快速获得并维持大量的顾客是平台的生存基础，因此多倾向于在顾客市场上发起价格性竞争（如低于成本的定价、大力度高频率的促销等），从而在顾客和商家的双边市场上阻止平台竞争者的进攻，以争夺市场份额和平台主导地位（Suarez，2004；Vasconcelos，2015）。而且，随着电商平台企业数目的增加和顾客重合度的升高，电商平台企业更愿意逐步升级这种竞争（Baum 和 Korn，1999）。

在激烈的平台外部竞争环境中，电商平台所具有的存量型关系资产对商家感知价值的影响程度可能会被削弱。首先，平台间大力度的促销活动会刺激消费者的需求，从而快速聚集顾客流量以吸引商家（Fan 等，2016）。此时，电商平台的存量型关系资产所形成的潜在市场需求效应对商家的吸引力相对就会降低。其次，频繁参加平台组织的促销活动或定制广告推送活动会增加商家的经营成本，这实际上提高了商家获得顾客的成本，因而会部分抵消存量型关系资产所带来的顾客获取成本优势。

类似地，电商平台所提供的交互型关系资产对商家感知价值的影响也可能会随着平台外部竞争的增强而降低。一方面，高频率且大力度的促销活动会使顾客对价格更加敏感并干扰他们的价值判断，进而使他们更趋于购买促销产品（Mela 等，1997；曹丽等，2016）。这使商家难以依靠顾客交互来实现潜在顾客向购买者的转化，即抑制了电商平台的交互型关系资产所形成的顾客转化效用。另一方面，高频率的促销活动也会影响顾客的购物决策行为，使其更为价格所驱动（Mela 等，1997；Lee 和 Tsai，2014），而忽视与商家之间的关系。顾客可以很容易地在不同商家之间转换，这也就使交互型关系资产给商家带来的顾客控制能力被削弱。

当平台外部竞争激烈时，信息型知识资产对商家感知价值的作用可能会变大。高频率的"促销战"环境给商家提供了大量参与并观察经营活动有效性的机会。对经营效率的追求使商家需要了解自身从促销活动中到底得到了什么收益，自身的促销方式相对于竞争性商家到底是否有效（Grewal 等，2001）。然而，电商平台企业通常会控制这类信息的披露，以避免平台外部竞争过度激烈（Katz 和 Shapiro，1985）。因此，在这种商家对信息具有迫切需求但相关信息又普遍缺乏的情况下，平台提供信息型知识资产所带来的价值感会得以放大。

同样地，技能型知识资产在激烈的平台外部竞争环境中也可能会变得更有价值。激烈的外部竞争迫使商家去努力地提高经营效率，商家这种主动追求提高效率的动机为其更好地认识电商平台各项管理工具的价值创造了有利条件（Grewal 等，2001）。此外，由于电商平台所提供的店铺管理工具的相似性，商家在高频率的促销活动中有更多机会观察、学习、模仿平台的店铺管理技能，从而进一步推动学习成本的降低。

（四）平台企业应对竞争的营销启示

首先，平台企业在决定市场资产的开发和利用类型时应充分考虑平台竞争因素。在平台竞争情况下，不同市场资产对商家感知价值的作用效果是有差异的。不论竞争环境如何，技能型知识资产和交互型关系资产都可以提升商家对平台的感知价值，平台应优先维持这两类资产的供给。在平台内部或外部激烈竞争的环境中，商家会更看重信息型知识资产的价值，并更有可能为获取该类资产而付费，此时平台企业可加大对信息型知识资产（如网络零售行业的产品价格走势、热门搜索、顾客消费情况、顾客需求分析、竞争者状况、商家经营状况等市场信息）的供给。

其次，平台企业在制定平台竞争策略时应充分考虑企业现有的资源和业务模式。平台可以制定相应的政策以调节平台内部竞争强度（如建立准入制或淘汰制），或选择是否参与平台外部竞争活动以调节平台外部竞争强度（如发起全平台的促销活动）。对于拥有大量顾客资源的平台企业而言，降低平台内部商家之间的总体竞争（如限定同行商家的总数、提高商家被搜索的可能性等）、局部竞争（如同行商家的分级或分类管理、支持商家的差异化等）以及不主动发起平台间的价格性竞争（如不发起平台"促销战"）可缓解平台存量型关系资产对商家吸引力被弱化的趋势；与之相反的是，拥有强大的市场数据收集、生产、分析和传播资源与能力的平台企业则可以考虑适度地促进平台内部商家之间的竞争或发起平台间争夺顾客的竞争，但应同时增强对信息型知识资产的免费或收费供给，以维系或提升商家对平台企业的价值感知。

最后，创业型平台企业在选择进入市场时应对平台竞争和市场资产进行整合规划。一般而言，创业型平台在发展早期的内部竞争较弱，它既可以选择进入一个现有的、外部竞争激烈的大众市场，也可以选择进入一个差异化的、外部竞争较弱的利基市场。无论进入大众市场还是利基市场，创业型平台企业都必须提供有效的交互型关系资产和技能型知识资产，从而给商家创造价值并吸引它们。当选择进入一个大众市场时，提供优势的信息型知识资产可能成为一个创业型平台吸引商家加入的独特价值点，此时适度地鼓励平台内部商家之间的竞争还可以进一步强化这种作用。当选择进入一个差异化的利基市场时，创业型平台迅速累积存量型关系资产是可行的，虽然这种市场资产对商家的价值和吸引力会随着后续内外部竞争加剧而减弱，但是通过扩大存量型关系资产而强化跨边网络效应是一个创业型平台企业得以生存的基础。

二、双边顾客的去平台化交易

尽管平台化经营常被视作一种完美的商业模式，但是买方与卖方的机会主义行为（即双方顾客通过平台熟识后绕开平台直接进行交易），已经成为当前平台所面临的一个重要管理问题。平台承担中介角色，通过匹配卖方与买方以促进其交易达成，然而通过平台匹配成功的卖家和买家可能会故意违反平台规则，在平台之外完成当次或后续交易，以逃避平台费用；Zhou 等（2021）将该现象称为"平台利用"（Platform Exploitation）。尽管平台利用现象非常普遍，也被管理人员所关注，但是这一现象并没有引发足够的学术探讨，鲜有研究探讨其产生机制及其规避策略。

买卖双方产生去平台化行为的动因与平台性质及平台保障机制的作用效果有关。对在线劳动力服务平台来说，被"去平台化"的风险较高，这是由其服务本身特性所决定的（Zhou 等，2021）。例如，家政服务平台的买方和卖方为达成交易，需在私人化的场景中完成服务交付，并直接产生线下的交流与协作，而且这些线下私人行为不受平台监控，这也为买卖双方的去平台化行为创造了条件。对于这些没有实体资产的平台，其买方的服务体验完全来源于卖方所提供服务的质量，因此，买方更容易认为卖方是主要的价值来源，从而更容易产生对卖方的信任，忽略平台的价值创造性（Gu 和 Zhu，2021）。交易双方通过实际互动而获得的信任及忠诚，可以代替平台发挥交易保障作用，从而减少彼此对平台保护机制的依赖。由于买卖双方的沟通交流及服务交付都可不通过平台而完成，为了自身利益最大化，买卖双方会选择绕开平台进行交易，从而逃避平台费用。

买卖双方的去平台化交易行为会给平台的可持续经营产生严重的负面影响。具体而言，有以下四点：第一，平台依赖卖方和买方的反复交易来获取利益，如果双方借助平台相识后绕开平台私下进行交易，那么平台将损失应得的佣金。第二，去平台化交易行为的负面影响体现在溢出效应方面，成功进行平台利用的买方会推荐熟人也直接与卖方进行交易，从而减少了平台潜在的买方数量，进而削弱了平台的顾客网络效应。第三，高质量的卖方会因时间等资源的有限性，无法兼顾私人交易与平台交易的同时进行，从而减少在平台上接单的数量，进而降低平台整体的服务质量。第四，卖方有意识地识别、转移高质量买方，同样会给平台造成买方顾客资产的流失（Zhou 等，2021）。

对于平台而言，充分理解顾客的去平台化行为是构建有效规避策略的关键。多数平台以综合评估顾客质量为目的，构建了平台在线信誉系统，以进一步促进双方交易的效率及水平。但是，有研究发现（Gu 和 Zhu，2021），准确可靠的信誉系统会导致交易双方对彼此产生过高的信任，反而会加剧其去平台化行为。为规避该不利影响，平台可采取 ID 验证及背景调查等隐性手段来促进双方信任的建立。同时，在平台通信工具中限制接入平台外的其他沟通软件，可有效缓解用户的去平台化行为（Gu，2021）。在平台交易规则制定方面，建议平台采用动态抽成比例（相比固定抽成比例）的定价策略，来显著降低高关系质量买卖双方的私下交易意愿（Zhou 等，2021）。在商业实践中，部分平台也采取了一定的规避手段，如通过隐藏地址及电话号码等信息，阻碍买卖双方间的直接联系。

三、商家私域流量

随着电子商务平台运行模式的日渐成熟，电子商务领域形成了以淘宝、京东等中心化平台为核心的商业生态圈。这些中心化平台凭借在数据、技术、资本等方面的垄断优势，不仅继续强化了电子商务领域的中心化态势，而且加剧了平台卖方间的竞争，使得处于"长尾"的中小商家步履维艰，开始寻找新的盈利来源。作为对抗电商公域流量的新突破口，私域流量应运而生。

私域流量是指卖方从网络公共空间（如平台等）中吸引到自建渠道（如官方网站、APP、微信公众号、微信小程序等）的稳定且可反复触达的客流（乔晗等，2021）。与之相对应的是公域流量，即平台通过网络效应所聚集得到、由平台掌控分发的客流。在以平台为主导的中心化电商模式下，公域流量中买方的消费旅程往往从平台搜索开始，平台基于其算法推荐机制进行内容分发，将匹配到的卖方及商品信息列表以特定顺序呈现在买方的搜索结果中（乔晗等，2021）。如果卖方的相关信息没有出现在搜索结果的首页，那么其被买方选中的概率则会大幅度降低。因此，卖方为获取顾客，需要不断向平台付费购买一次性公域流量，以增强自身的曝光率。卖方也可不依赖电商平台的去中心化模式及平台推荐机制，而是通过自建私域流量，直接触达买方并主导交易过程，从而实现顾客裂变与留存（Kumar 和 Ruan，2006；Wigand，2020）。

现有研究较多关注卖方的平台多归属问题（如卖方从一个平台转移到另一个平台）而忽略了卖方正试图摆脱对平台的过度依赖，并通过建立自有渠道以实现独立运营（Chen 等，2014）。近年来，越来越多的卖方在维持平台店铺运营的基础上，在平台外同步经营自有的线上渠道，即自建私域流量。为有效利用在平台上积累的买方顾客资源，从而发挥全渠道作用，卖方通常有意识地将在平台公域中获取的买方转移到私域中，甚至将平台仅当作初步获取顾客的工具（Gielens 和 Steenkamp，2019）。这一趋势将对平台的长远利益构成巨大威胁，深入理解该现象背后的成因，对于平台管理者来说是十分必要的。卖方自建私域流量的原因主要包括以下三个方面：

首先，中心化平台大多具有市场支配力量，而中小商家处于弱势地位，面对平台过高的佣金抽成、排他性协议等强制性规则没有还手之力。例如，美团对中小商家征收的高佣金很可能是一种不合理的剥削性定价，而且由于平台小商家的谈判能力较弱，美团的佣金方案对小商家征收的佣金率则更高。根据 2021 年 5 月美团最新制定的佣金收费标准，当配送距离在 3 千米以内时，客单价相对较低的中小商家佣金水平相较客单价较高的大型商家高出 3%，并且随着配送距离的增加，佣金差额也逐渐增加；当配送距离大于 4 千米时，佣金差额最高可达 20%（唐要家和傅樟洋，

2021）。中小商家远距离配送的高佣金使得其不得不收缩配送范围，较小的配送范围与较高的佣金使得中小商家的利润空间被严重挤压。这些经营压力促使卖方从公域流量中挖掘顾客，并将其转移到自己的私域中，以避免不合理的平台费用。

其次，平台卖方数量众多，且同品类竞争激烈，使其容易丧失自身独特性。与线下实体环境不同，电商平台并不对卖方数量设限，因此其可以容纳尽可能多的卖方，从而加剧卖方之间的竞争。与此同时，所有卖方都使用平台提供的统一技术标准和服务开设并经营店铺，具有独创性的卖方也会因在线内容的可见性而被其他竞争对手所模仿，从而导致严重的同质化问题（Hagiu 和 Yoffie，2009）。因此，买方很容易转向平台上提供类似产品的其他卖方，难以形成对卖方的顾客忠诚，这进一步削弱了卖方个体的竞争力。而卖方所构建的私域流量则不受电商平台统一技术标准的限制，允许卖方根据自己的特异性需求设计独特的功能和展示窗口，并创造一个不含竞争对手的线上环境（Wichmann，2022）。

最后，卖方逐渐意识到平台已成为阻碍自己与买方互动的重要屏障。平台可以通过规则制定等手段削弱卖方在交易过程中的角色作用，不断巩固对买方的控制权。例如，亚马逊通常禁止卖方直接联系买方，甚至在产品包装中都不提及卖方的具体信息，以致买方可能都不知道其购买产品的真正销售来源。考虑到卖方和买方的互动只能通过平台提供的基础设施（如淘宝的旺旺即时通信工具）进行，如果卖方没有足够的能力在该过程中培养顾客承诺、信任及忠诚，那么就难以在众多卖方中脱颖而出并与买方建立高质量关系（Hagiu 和 Yoffie，2009；Kozlenkova 等，2017）。除此之外，一旦平台推出自有品牌（如亚马逊零售、京东零售等），平台的角色就由原本纯粹的交易撮合者转变为竞争参与者。平台利用后台数据分析、推荐算法等技术优势，可以使买方注意力偏向平台自有品牌，从而削减卖方在竞争中的优势，这进一步增加了卖方的担忧，也增强了其构建私域流量的动机。在私域中，卖方可以直接接触到顾客，从而给自身带来巨大的价值。具体而言，卖方在私域中可以主动与买方直接进行互动，并获得买方的意见或想法，从而及时响应其需求，并推出区别于竞争对手的独特产品及服务（Gielens 和 Steenkamp，2019）。此外，卖方拥有自建渠道的所有数据，通过分析顾客浏览及购买历史，可向顾客开展个性化推荐及精准营销服务。

虽然卖方自建私域流量和平台店铺都遵循了 D2C（Direct to Customer，直面消费者）模式，但它们在运营过程上有所区别（Bei，2019）。为构建私域流量，卖方必须独立完成从渠道建设到获取顾客、从关系维护到物流服务等一系列活动。而卖方进驻平台的初衷则是利用平台的规模效应，以相对较低的成本开展线上业务（Hagiu 和 Wright，2015）。但由于平台经营存在成本压力、卖方间存在激烈竞争以及缺少对买方的直接掌控，卖方会选择在维持平台店铺经营的同时，自建私域渠道，并向从平台获取的顾客提供经济利益（如优惠券）及非经济利益（如特殊优待），将其吸引到自己的私域中。平台企业应重视商家构建私域流量行为，通过增强自身对买卖双方的吸引力来减少买方顾客流失，从而确保平台双边顾客网络的高质量构建及平台的可持续发展。

四、法律规制

（一）平台企业反垄断监管

随着数字经济的日益发展，平台企业在向纵深发展及快速扩张的过程中，极易产生非法竞争及市场垄断等问题。平台垄断的产生可能与平台企业具备的规模经济、高效连接、网络效应及锁定效应等典型特征有关（尹振涛等，2021）。此外，平台企业中的数字技术竞争、数据竞争及数据租金竞争也可能是形成平台垄断的内在机理（石先梅，2021）。

平台垄断与反垄断问题已成为我国相关部门规制的重点。2021年国务院反垄断委员会根据《中华人民共和国反垄断法》等法律规定，发布了《关于平台经济领域的反垄断指南》（以下简称《反垄断指南》），这是全球第一部由官方正式发布的专门针对平台经济的系统性反垄断指南。《反垄断指南》从垄断协议、滥用市场支配地位、经营者集中、滥用行政权力排除、限制竞争等方面对平台垄断问题进行了详细规定，旨在预防和制止平台经济领域的垄断行为，以促进我国平台经济规范有序健康发展。

《反垄断指南》继续坚持了公平竞争原则的基础性地位，增加了鼓励与支撑平台创新的目标，更加关注平台的数据垄断问题，强调对消费者权益的保护力度（徐蓓，2022）。需要注意的是，《反垄断指南》要求相关部门在对平台公平竞争情况进行审查时，要根据相关法律文件以"一事一议"的形式具体制定政策措施。这是因为平台企业的垄断行为分析具有较强的复杂性和争议性。具体而言，平台市场规模很难作为判定平台垄断的单一标准，平台经济的市场竞争存在动态性，平台企业发展对社会福利影响的界定存在一定困难，即使拥有大量数据要素的平台企业也很难维持市场竞争优势（尹振涛等，2021）。

以良法善治来保障平台企业健康发展，也是实现平台反垄断治理的有效途径之一。孙晋（2021）指出对平台的反垄断监管要贯彻积极的包容审慎监管原则，在方向上转向公平公正监管，在机制上构建超级协同监管体制，在方法上重视自我规制与激励性监管，在工具上加强信用监管和智慧监管。

除此之外，我国还颁布了其他相关政策，以支撑平台企业的反垄断监管。例如，国家市场监督管理总局 2021 年印发了《互联网平台分类分级指南（征求意见稿）》和《互联网平台落实主体责任指南（征求意见稿）》。这两部征求意见稿，一方面科学界定了平台类别、合理划分了平台等级，为落实平台分类分级管理提供了参考，另一方面从公平竞争示范、平等治理、开放生态、数据管理、内部治理、风险评估、风险防控、信用评价、反垄断、反不正当竞争等 34 个方面对互联网平台企业，尤其是超大型平台的主体责任进行了明确规定。

（二）买方顾客的数据保护

数字经济时代，拥有双边（多边）市场的平台企业成为了平台用户数据的汇集地和加工厂。平台企业在收集、处理、应用用户数据，尤其是买方顾客数据时，可能会出现数据违规使用等风险，从而损害消费者权益（Lambrecht 和 Tucker，2019；陈昌东和江若尘，2021；江小涓和黄颖轩，2021）。例如，未经顾客授权擅自抓取或过度收集个人信息、利用推荐算法对顾客进行"大数据杀熟"、对顾客数据进行非法交易、泄露个人隐私信息等。平台企业不正当使用买方顾客数据，会导致负向的顾客网络效应，这不但会威胁平台企业可持续性发展，更会阻碍我国平台经济及社会的健康有序发展。

近年来，我国相继出台了多项法规政策，加强了对个人信息的保护力度。例如，《中华人民共和国个人信息保护法》明确界定了个人信息的范畴及类型、处理个人信息的环节及原则，并对不同情境下平台处理个人信息的规则进行了详细说明。此外，《中华人民共和国消费者权益保护法（2013 年修订版）》（以下简称《消费者权益保护法》）、工业和信息化部2013 年公布的《电信和互联网用户个人信息保护规定》、国家互联网信息办公室 2016 年发布的《移动互联网应用程序信息服务管理规定》、2021 年颁布的《中华人民共和国数据安全法》（以下简称《数据安全法》）以及国家互联网信息办公室、工业和信息化部、公安部、国家市场监督管理总局四部门 2021 年联合发布的《常见类型移动互联网应用程序必要个人信息范围规定》均明确要求了平台经营者收集、使用消费者个人信息的原则、方式及范围，为平台企业合理合规使用买方顾客数据提供了具体要求与行动指引。

（三）卖方顾客的平台多归属

为进一步巩固自身在市场中的竞争地位，部分平台企业凭借独有的网络规模及市场份额，往往会阻止卖方顾客（商家）多归属并提出"二选一"的不正当要求。事实上，平台"二选一"属于平台独占交易行为，是平台不正当竞争及平台垄断的表现形式之一；其本质是平台企业与商家签订排他性契约，要求商家只能在该平台上开展经营活动，不得选择其他平台（周天一等，2019；Barua 和 Mukherjee，2021；李凯和李相辰，2021）。当商家的议价能力较弱时，平台采取"二选一"的动机较强。平台"二选一"打破了平台之间共享顾客市场份额的均衡状态，使市场竞争格局发生了偏移，并在一定程度上对平台双边顾客的效益产生负面影响。

我国相关法律制度给出了平台多归属问题的规制方向。首先，《反垄断指南》明确划定了具有市场支配地位的平台经营者构成限定交易的范围与条件，其中平台要求商家在竞争性平台间进行"二选一"属于限定交易行为。其次，《中华人民共和国反不正当竞争法》（2017 年修订版）对经营者扰乱市场竞争秩序、损害其他经营者或消费者合法权益的行为进行了说明。再次，2018 年颁布的《中华人民共和国电子商务法》（以下简称《电子商务法》）明确规定，因其技术优势、用户数量、对相关行业的控制能力以及其他经营者对该平台依赖程度等因素而具有市场支配地位的平台经营者，不得滥用市场支配地位，排除、限制竞争。最后，国务院于2021年12月印发了《"十四五"市场监管现代化规划》，提出要引导平台经济有序竞争，依法查处"二选一"等平台垄断及不正当竞争行为。

第四章　营销的数据合规

第一章的分析提出，新一代信息技术的应用要求企业在业务流程中既要能有力地推动对数据资源的开发与利用，又要能有效地构建对数据使用的控制机制，以避免因数据使用不当而导致的法律风险、商业风险和社会风险。第三章的分析认为，对顾客数据的使用和保护已成为平台企业的一项重要责任，同时也已成为法律和政策监管的重点。营销的数据合规已成为营销管理者推动新一代信息技术背景下的营销战略变革所必须思考的问题。本章基于对营销数据合规的狭义与广义界定，分别探索了数据使用合规与数据社会责任的实现路径，并对营销数据合规中最常见的数据隐私问题进行了专门探讨。

第一节　营销数据合规概述

大数据营销（Big Data Marketing）技术的普及使得越来越多的数据用

于营销战略决策与营销项目执行中。数据合规已成为营销活动合规的重要组成部分。

一、营销数据合规问题的提出

数据是数字营销的基础资源。典型的营销数据主要包括在线观察数据（如通过电视、电脑及移动设备等数字化媒介记录有关用户的搜索请求、在线浏览、评论与分享、购买行为等方面的数据）、实验室数据（如记录用户的视频、音频、面部表情、眼球轨迹、脑电等用户生理数据）、调查数据（如反映用户满意度、忠诚度、信任、感知价值等消费心理及行为的主观数据）以及现场实验数据（如评估企业广告、促销、定价、产品设计等营销活动效果的客观数据）（Wedel 和 Kannan，2016）。企业可基于上述多元化的结构数据与非结构数据，将企业内外部数据进行整合，并应用于商业流程的各个阶段，从而实现营销数据的价值创造（Chen 等，2020）。

随着营销数字化转型的深入，营销数据的合规性成为了一个值得关注的问题。数字营销（Digital Marketing）可被视为一种技术支持的适应性过程，企业通过该过程与顾客及合作伙伴进行合作，共同为所有利益相关者创造、沟通、交付并维持相关价值（Kannan 和 Li，2017；Vieira 等，2019）。与传统营销相比，数字营销更侧重基于数字技术的营销活动、机构及流程（Sridhar 和 Fang，2019）。由于数字技术可能存在一定的风险与挑战，企业在制订并实施数字营销战略时，应重点考虑数据使用的合规性。

从数据要素监管趋紧的形势来看，营销数据的合规性已成为企业开展数字营销的关键挑战之一。新一轮科技革命与产业变革的加速演进，促使数据成为构建现代经济体系的基础性战略资源，并在推动国家经济社会发展的过程中发挥重要作用。据国际数据公司（IDC）发布的《数据时代2025》报告显示，全球数据量发展迅速，预计到 2025 年全球数据量将达到 175ZB，是 2020 年数据量的 3 倍。随着数据的急剧增长与广泛应用，数据使用的合规性问题已逐渐成为世界性数据治理的新任务与新挑战，各个国家及地区相继制定相关法律及配套政策，从数据收集环节、数据应用环节及数据流通环节等方面，探索科学有效的个人用户数据合规性保障方案。附录 D 总结了部分国家和地区对数据合规使用的立法倾向。

二、营销数据合规的界定

营销数据合规可以从狭义和广义两个层面进行界定。狭义层面的营销数据合规是指营销人员在使用各类数据完成营销工作时，应当遵守与数据相关的法律法规及监管政策要求，在法律和政策允许的范围内实现数据的价值。如图 4-1 所示，狭义层面的营销数据合规体现在营销数据在收集、应用、流通等各环节的合规。

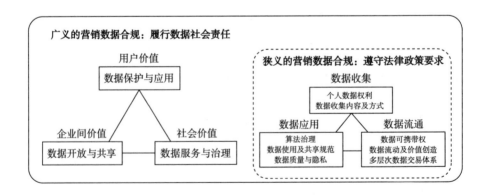

图 4-1　狭义与广义的营销数据合规

资料来源：笔者自行整理。

广义层面的营销数据合规是指在符合法律和政策要求的基础上，企业各类营销数据的使用还应履行数据社会责任，并创造社会层面的价值，包括用户价值、企业间价值、社会价值。这对于当前的互联网平台企业的营销数据合规具有重要意义。从企业层面来看，企业社会责任（Corporate Social Responsibility）是指企业积极从事对社会负责任的行为，其超越了企业经济与法律的相关要求（Wood，1991）。互联网平台企业具有一般企业的本质属性，本身就应承担社会责任，同时其凭借双边网络连接了大量的组织与个体，汇集了丰富的数据资源，更加深了其公共属性（肖红军和阳镇，2020）。因此，互联网平台企业在利用个人用户数据创造经济效益的同时，更要履行社会义务，主动承担相应的数据社会责任（肖红军，2017）。从监管环境来看，我国法律政策也要求互联网平台企业主动承担社会责任。例如，《中华人民共和国国家安全法》（以下简称《国家安全法》）第九条和《中华人民共和国民法典》（以下简称《民法典》）第八十六条指出，网络运营者开展经营和服务活动，需承担相应的社会责任；《数据安全法》第八条说明，开展数据处理活动，应当尊重社会公德和伦理，遵守商业道德和职业道德，履行数据安全保护义务，承担社会责任，不得危害国家安全、公众利益，不得损害个人、组织的合法权益；《中华人民共和国个人信息保护法》（以下简称《个人信息保护法》）第五十八条更是明确要求，提供互联网平台服务的个人信息处理者，要定期发布个人信息保护社会责任报告，接受社会监督。

确保营销的数据合规既需要监管部门的有力引导，又需要企业的自觉遵循。本章的第二节和第三节将分别探讨如何从狭义和广义两个层面提升营销的数据合规性。

第二节　数据使用的合规

狭义层面的营销数据合规要求服务于营销活动的数据收集、数据应用、数据流通等环节都符合相关法律法规及监管政策的要求。

一、数据收集环节的合规

（一）强调维护数据权利

在数据收集环节，各国家和地区都通过立法要求加大对个人信息的保护力度，强化信息主体的各项权利。在国内立法方面，《消费者权益保护法》明确指出，消费者在购买、使用商品和接受服务时，享有个人信息依法得到保护的权利。我国 2020 年颁布的《民法典》在"隐私权和个人信息保护"部分明确说明，自然人享有隐私权以及自然人的个人信息受法律保护，并对违法收集、使用个人信息的情形作出了详细规定。国家互联网信息办公室于 2022 年发布的《移动互联网应用程序信息服务管理规定（征求意见稿）》要求，从事应用程序个人信息处理活动应当遵循合法、正当、必要和诚信原则，采取必要措施保障个人信息安全，不得以任何理由强制要求用户同意非必要的个人信息处理行为，不得因用户不同意提供非必要个人信息，而拒绝用户使用其基本功能服务。

与此同时，国外相关法律也强调对个人信息及权利的保护。例如，2018 年由欧洲联盟出台的《通用数据保护条例》从保护原则、权利机制、义务机制、监管机构的职责与权力、法律责任等方面，构建了个人数据的保护框架，要求数据各方参与者需全方位强化对个人数据的保护。加拿大2020年提出的《数字宪章实施法案》为保护私营部门的个人信息提供了现代化管理框架，其指出要提升收集个人信息的控制度和透明度，赋予公民多样化的信息保护权利。此外，美国统一法律委员会投票通过的《统一个人数据保护法》于2022年被州立法机构引入，该法案具体细化了数据主体访问与更正个人数据的各项权利。

（二）细化数据收集的内容与方式

国内外相关法律政策明确并细化了用户各类信息的收集场景、收集范围及收集形式。我国2021年实施的《个人信息保护法》明确界定并区分了个人信息及个人敏感信息。认定个人信息是以电子或者其他方式记录的与已识别或者可识别的自然人有关的各种信息，不包括匿名化处理后的信息；而个人敏感信息是一旦泄露或者非法使用，容易导致自然人的人格尊严受到侵害或者人身、财产安全受到危害的个人信息，包括生物识别、宗教信仰、特定身份、医疗健康、金融账户、行踪轨迹等信息，以及不满十四周岁未成年人的个人信息。除此之外，我国国家标准《信息安全技术—个人信息安全规范》（GB/T 35273-2020）也具体划定了个人信息的范围，即个人信息包括姓名、出生日期、身份证件号码、个人生物识别信息、住址、通讯联系方式、通信记录和内容、账号密码、财产信息、征信信息、行踪轨迹、住宿信息、健康生理信息、交易信息等；个人信息控制者通过个人信息或其他信息加工处理后形成的信息（如用户画像或特征标签），能够单独或者与其他信息结合识别特定自然人身份或者反映特定自然人活动情况的，属于个人信息；但匿名化处理后的信息，则不属于个人信息的范畴。

为进一步规范用户各类信息的收集内容及方式，我国互联网信息办公室、工业和信息化部、公安部及国家市场监督管理总局四部门于 2021 年联合发布了《常见类型移动互联网应用程序必要个人信息范围规定》。该规定明确划分了地图导航类、网络约车类、即时通信类、网络社区类、网络支付类等 39 种常见类型移动互联网应用程序（APP）收集必要个人信息的范围及种类，并要求运营者不得因用户不同意收集非必要个人信息，而拒绝用户使用 APP 基本功能服务。日本 2021 年修正的《个人信息保护法》根据个人信息、匿名加工信息及非识别加工信息等方面的差异，统一界定了个人信息的定义，并对各类信息的范畴及收集规范进行了补充说明。

二、数据应用环节的合规

（一）完善算法新型治理模式

法律政策高度重视对算法的安全规范治理，既要求完善算法监管体系，又鼓励算法创新发展。基于算法计算的个性化推荐服务是个人用户数据应用的典型表现形式，但由于算法的技术局限性，往往会产生"算法歧视"及"大数据杀熟"等一系列问题与挑战。为进一步加强算法规制，国家市场监督管理总局于 2021 年发布了《互联网平台落实主体责任指南（征求意见稿）》，其中明确指出，互联网平台经营者利用其掌握的大数据进行产品推荐、订单分配、内容推送、价格形成、业绩考核、奖惩安排等运用时，需要遵守公平、公正、透明的原则，遵守法律、法规，尊重社会公德和基本的科学伦理，不得侵害公民基本权利以及企业合法权益；对于关涉社会公共利益的算法运用，应当遵守国家关于算法监管的有关规定，并接受社会监督。该指南也要求平台经营者不得利用算法等技术手段实施价格歧视等不正当行为。与此同时，国家互联网信息办公室、中央委员会宣传部、教育部、科学技术部、工业和信息化部、公安部、文化和旅游部、国家市场监督管理总局及国家广播电视总局九部门于 2021 年印发了《关于加强互联网信息服务算法综合治理的指导意见》，该意见从健全算法安全治理机制、构建算法安全监管体系、促进算法生态规范发展等方面，要求在三年左右的时间内构建算法安全综合治理格局。

在国外立法方面，欧盟委员会 2020 年通过的《数字服务法案》要求实施强制性算法推荐透明度以有效解决有害和虚假信息传播等问题；禁止网络平台使用欺骗或诱导技术，通过"算法黑箱"影响用户选择等行为；要求超大型平台应当至少提供一个不基于数据分析的推荐系统，以完善个性化推荐服务体系。此外，美国部分参议员于 2022 年也提出了《算法问责法（草案）》，对软件、算法和其他自动化系统的透明度和监督提出了新要求。该法案要求企业在使用自动决策系统做出关键决策时，应对偏见、有效性和其他因素进行影响评估，以使消费者受到公平公正的待遇。

（二）强化数据使用及共享规范

法律政策明确了数据应用环节中各数据参与主体对个人信息的使用及共享规范。例如，我国《个人信息保护法》明确说明了处理个人信息及个人敏感信息的各项规则，并规定了个人信息处理者的义务与履行个人信息保护职责的部门。国家标准《信息安全技术—个人信息安全规范》（GB/T 35273-2020）系统规定了开展收集、存储、使用、共享、转让、公开披露、删除等个人信息处理活动应遵循的原则和安全要求。国家互联网信息办公室、工业和信息化部、公安部及国家市场监督管理总局四部门 2019 年印发的《App 违法违规收集使用个人信息行为认定方法》，针对"未经用户同意收集使用个人信息"及"未经同意向他人提供个人信息"等六个方面列举了 App 违法违规收集使用个人信息的情景。

此外，加拿大 2000 年颁布的《个人信息保护和电子文件法》规定了任何个人信息经营机构在利用信息时，都应遵循承担保密任务、准确性及限制使用、披露和储存等 10 个法律原则。新加坡 2020 年修订的《个人数据保护法》草案加强了机构的问责制，并加大了个人信息非法使用的处罚力度，以提高新加坡个人数据保护委员会的执法力度与执法效率。

（三）严控数据质量与隐私问题

相关法律政策要求把控个人信息应用过程中的质量管理与隐私问题。数据质量是设计数据治理框架与体系的首要任务，高质量数据也是赋能经济社会发展的起点和基础。我国 2021 年颁布的《数据安全法》指出，在构建数据要素市场时，市场主体应当加强数据质量管理，确保数据真实、准确、完整。《互联网平台落实主体责任指南（征求意见稿）》也从数据管理、内部治理、风险评估、风险防控、安全审计等方面，要求超大型平台经营者应当建立健全数据安全审查与内控机制，对涉及用户个人信息的处理、数据跨境流动，涉及国家和社会公共利益的数据开发行为，必须严格依法依规进行，以确保数据安全。

隐私问题是数据应用过程中所产生的负面效应之一，各个国家及地区高度重视个人信息保护，通过各项法律政策保障用户的隐私权。例如，我国《民法典》明确指出自然人的个人信息受法律保护，个人信息中的私密信息，适用有关隐私权的规定，没有规定的，适用有关个人信息保护的规定。美国加利福尼亚州 2018 年发布的《消费者隐私法案》及弗吉尼亚州 2021 年发布的《消费者数据保护法》将隐私权列为居民的基本权利之一，以保障个人得以控制对其自身信息的使用及交易。德国 2021 年通过的《数据保护法》加强了数据保护与隐私保护的规范程度，对收集、处理或使用个人数据过程中的敏感信息及环节作出了详细规定。

三、数据流通环节的合规

(一) 保障个人数据的可携带权

现有法律强调了用户在数据流通环节对个人信息的可携带权。例如，我国《个人信息保护法》增加了个人信息可携带权的规定，即个人请求将个人信息转移至其指定的个人信息处理者，符合国家网信部门规定条件的，个人信息处理者应当提供转移的途径。再如，英国2017年发布的《新的数据保护法案》和澳大利亚2019年通过的《消费者数据权利法案》也重点规范了数据可携带权问题，指出用户可以在不同服务提供者之间转移自己的数据。例如，用户既可以自主决定对哪些数据以何种条件进行共享，也可以决定谁有权访问自己的银行、能源、电话和互联网等交易信息，并拥有或使用这些数据。

(二) 鼓励数据有序流动与价值创造

相关法律政策不仅要求各数据主体规范数据交易行为，而且鼓励培育数据交易市场，积极推进数据要素安全有序流通与价值创造。数据作为一种新型生产要素，在推动经济发展变革、激发社会创造力与市场活力中发挥重要作用。中共中央、国务院于2020年印发了《关于构建更加完善的要素市场化配置体制机制的意见》，该意见指出要加快培育数据要素市场，推进政府数据开放共享，提升社会数据资源价值，加强数据资源整合和安全保护；加快推动数据共享交换进程，探索建立统一规范的数据管理制度，提高数据质量和规范性，丰富数据产品，从而不断培育数字经济新产业、新业态和新模式。在此之前，国务院为充分利用大数据先进理念、技术和资源，提升经济社会运行效率，印发了《关于运用大数据加强对市场主体服务和监管的若干意见》，其针对运用大数据提高市场主体服务水平，运用大数据加强和改进市场监管、推进政府和社会信息资源开放共享等方面作出了具体要求。与此同时，我国 2018 年颁布的《电子商务法》要求，保护电子商务用户信息，并鼓励电子商务数据开发应用，保障电子商务数据依法有序自由流动，同时规定国家应采取措施推动建立公共数据共享机制，以促进电子商务经营者依法利用公共数据。

国外法律政策也对规制数据依法交易、鼓励数据业务创新发展等方面作出了规定。例如，欧盟 2020 年发布的《数字服务法案》和《数字市场法案》要求所有向用户提供商品、服务或内容的数字服务企业，应当承担一系列关于数字交易与流通等方面的义务与责任；同时该法案也对数字市场中的反垄断及竞争行为提出了相关要求，从而助力企业提升数字创新能力与竞争水平。再如，英国为顺应数字经济发展所发布的《新的数据保护法案》也主张推动数据贸易，努力提升数据跨境流动能力，以实现英国与欧盟及其他国家之间的数据流动最大化，从而促进国家未来经济发展。

（三）构建多层次数据交易体系

各个国家和地区纷纷倡导构建并规范第三方机构对数据进行综合管理的新型业务模式。我国《数据安全法》指出要支持数据交易服务机构有序发展，为数据交易提供数据资产、数据合规性、数据质量等第三方评估以及交易撮合、交易代理、专业咨询、数据经纪、数据交付等专业服务。除此之外，澳大利亚 2020 年公布的《数据可用性和透明度法案》主张要构建开放银行模式下的数据共享框架，以安全框架为基础，倡导数据的交易与共享。欧盟 2020 年通过的《数据治理法》主张充分发挥数据中介机构在欧洲共同数据空间内的数据共享及汇集作用，从而促进各部门及成员国之间的数据共享与流动。

第三节　互联网平台企业的数据社会责任

互联网平台企业的数据价值创造是集合多方利益主体的复杂管理过程，需平衡各利益相关者的整体诉求，以应对平台型企业社会责任的关系多层性、主体多元性、影响跨边性、功能社会性及边界动态性（肖红军和李平，2019）。基于利益相关者视角，互联网平台企业的数据社会责任主要体现在用户层面的数据保护与应用、企业间层面的数据开放与共享、社会层面的数据服务与治理三个方面。

一、用户价值方面

用户既是互联网平台企业获取数据的主要来源，也是企业基于数据资源加工的重要服务对象。互联网平台企业在使用用户数据的各个环节，均需加大对用户数据的保护力度，优化数据加工及应用水平，以提升用户的服务感知及满意度。

在数据收集环节，互联网平台企业需严格将用户授权作为其收集各类信息的起点和基础。绝大部分互联网平台企业在"隐私政策"及"个人信息保护指南"中明确指出，平台无论收集用户的必要个人信息，还是收集个人信息及个人敏感信息，均需经用户授权；平台无论将个人用户信息用于企业内部服务，还是用于企业外部交易，均需经用户授权；平台无论是初次收集个人用户信息，还是再次收集个人用户信息，均需经用户授权；平台无论是因向用户提供服务而收集个人用户信息，还是出于其他原因，均需经用户授权。鉴于此，提升用户的数据授权意愿是互联网平台企业为用户创造价值的前提和关键。首先，互联网平台企业可以提升个性化服务水平，增强用户的感知价值、感知利益与感知信任，以提升其数据授权意愿（Wang 等，2016；Ozdemir 等，2017）。其次，平台可通过优化数据收集方案，促使用户授权各类信息。例如，采用区块链和数字水印技术，提升用户数据收集的安全性与可靠性（王海龙等，2018）；再如，当消费者与企业完成交易后再收集个人信息，可以显著增强用户的温暖感知并降低其隐私担忧（Aiello 等，2020）。最后，平台企业还可以提升企业隐私政策的告知准确性、权限水平及保护程度，从而增强用户的信息控制感知，并降低其隐私风险感知，进而提升数据授权意愿（梁晓丹等，2018）。

在数据应用环节，互联网平台企业需优化基于算法的个性化推荐服务，以提升用户数据的应用及服务水平。推荐算法可以为用户带来分类体验，在权衡归属动机与独特动机的基础上增强用户的身份感知和情感共鸣，但这也会产生负面的自我构建和误解等消极情绪（Puntoni 等，2021）。因此，互联网平台企业可以根据个性化服务的任务类型及用户特征等因素，有针对性地制订算法推荐方案，充分发挥推荐算法的胜任力（预测精确性）与信任（可解释性）机制，以提升用户对算法的青睐程度（陈昌东和江若尘，2021）。具体来说，相比于主观性任务，用户对基于客观性任务的推荐算法具有更高的信任感知与依赖程度（Castelo 等，2019）。同时，算法推荐的规模虽然会提升用户的感知推荐吸引力，但也会增强其感知选择难度，降低商品回忆效果及搜索深度，从而增加用户决策时间及决策难度（陈梅梅等，2020）。

在数据流通环节，互联网平台企业可基于互惠原则，将数据收益以多元化的方式反馈给用户，以使用户享受到其数据价值创造的直接成果。互联网平台企业可以采用存量式收益和增量式收益两种计算方法，将第三方利益相关者提供的用户数据收益，以现金或其他奖励的形式反馈给用户（Arthur 和 Owen，2019；肖旭和戚聿东，2021）。除此之外，平台企业还可基于个人数据银行的组织架构与关键技术，开发个人数据银行平台，从而使用户完成从数据提供到数据增值的价值创造全过程（郭兵等，2017）。

二、企业间价值方面

互联网平台企业需要与企业合作伙伴（如平台上游企业、其他平台企业、第三方信息服务商等）进行数据开放与共享，从而实现数据要素资源在企业间的价值创造与传递。数据质量是保障企业间数据价值创造的核心要素，其是指在制定使用条件中，数据特性满足明确的和隐含的要求的程度。互联网平台企业需全面提升数据的内在质量（如可信度、准确性、客观性、声誉度）、语境质量（如价值性、相关性、时效性、完整性、适量性）、结构质量（如可解释性、易于理解、一致性、简洁性）及访问质量（如可访问性、安全性），从而确保高质量数据可充分满足企业合作伙伴的需求，进而实现数字资源在企业间的自由流动、有效对接及价值创造（Wang 和 Strong，1996；Lee 等，2002）。

互联网平台企业还可以构建数据生态系统，综合运用关系治理和市场治理两种手段，实现数据要素在生态系统中各参与者之间的流通与共享。互联网平台数据生态系统是由平台企业主导，生态系统中各利益相关者通过竞合互动与资源整合而共同实现数据要素价值创造与价值分配的动态过程（钟琦等，2021）。基于资源编排理论，互联网平台企业在数据生态系统中同时具备多元角色，即以数据收集者的角色构建资源分享机制，以数据加工者的角色构建资源整合机制，以数据使用者的角色构建资源协同机制（Sirmon 等，2007；Sirmon 等，2011；张青和华志兵，2020）。李广乾和陶涛（2018）以考拉先生为例，具体刻画了平台企业以数据为支持，服务生态系统中各方参与者的运行机理。具体来说，考拉先生首先利用微信平台的引流功能，基于其构建的智慧电商平台采集了大量的交易数据（如店铺信息、顾客数据、交易商品及其数量等）。其次在沉淀这些交易数据后，考拉先生进行数据分析并为生态系统中的各参与者提供深度服务。从"基于服务实体消费生态圈的数据沉淀"到"为后端服务提供全套解决方案"的业务架构，其不仅帮助商家进行经营分析，为店铺管理新老顾客关系提供决策参考，而且为 B2B 供应商、城市运营商、创业者及金融机构等各类合作伙伴提供业务支持。

三、社会价值方面

互联网平台企业还需发挥自身优势（如技术、数据资源、网络效应），积极参与社会公共事务管理，通过数据服务及数据治理激发社会价值。

首先，互联网平台企业可有效探索针对共享经济的公共服务治理方案。例如，网约车平台可采用用户准入、合同约束、声誉机制及技术方案等多种治理途径，解决委托代理中信息不对称及短视行为等治理失灵问题，并通过分担政府治理成本、提升公共服务品质及提高社会福利等体现平台企业参与公共服务治理的效果（王俐和周向红，2018）。再如，在线劳动平台可基于数据支撑的算法管理系统，完善在线劳动平台的调度系统、传感系统、定价系统及评级系统，以实现算法管理的任务分配、行为控制、动态定价及绩效评估，从而切实保障在线劳动平台参与者的工作权益并提升平台经营绩效（裴嘉良等，2021；刘善仕等，2022）。

其次，互联网平台企业可助力履行社会责任并创造社会价值。邢小强等（2021）以字节跳动为案例，探讨了平台企业基于数字平台来履行社会责任并创造共享价值的过程、机制与支持要素。其指出互联网平台企业可基于平台用户基础、大数据资源及智能算法，从平台嵌入、平台拓展与平台优化三个流程践行企业社会责任。其中，平台嵌入阶段包括将社会责任主题融入平台商业模式的主体架构（架构融合）、平台企业利用自有核心生产要素履行社会责任（要素利用）、平台企业实现内部各部门间的合作与互动（业务对接），平台拓展阶段包括对平台现有场域内的双边用户进行重新定义与动员（双边转换）、将未进入平台的本地直接利益相关者转化为平台用户以履行社会责任（本地培育）、广泛动员社会主体共同参与社会价值创造（社会动员），平台优化阶段包括根据社会责任议题和业务形态设定反映履责情况的具体指标（设定指标）、动态更新并及时优化平台履行社会责任的策略及方法（迭代创新），从而实现社会价值创造（包括低收入人群的收入提升、能力提升与关系拓展）及商业价值创造（包括带来商业机会、引入商业资源、提升商业能力与拓展商业生态）。

最后，互联网平台企业可基于独特的平台双元属性，通过平台企业社会责任治理创新赋能应急管理与社会治理。例如，为有效防范新冠肺炎疫情，腾讯、阿里巴巴、京东、美团均在各自的平台上增设了与疫情相关的社会服务板块。这些互联网平台企业充分利用顾客网络资源及数据要素资源，成为了企业社会责任治理的新型微观载体，在疫情防控期间充当平台商业生态圈资源的撬动者与整合者，以及平台社会资源的配置者，在社会公共产品供给、信息披露、舆论治理、信息调研及疫情安全排查与防控、企业复工复产帮扶等领域，积极履行企业社会责任并创造社会价值（阳镇等，2020）。

第四节　数据隐私问题

无论是狭义层面的营销数据合规，还是广义层面的营销数据合规，数据隐私都是营销数据合规中广受关注的议题。

一、数据隐私问题概述

（一）数据隐私问题的提出

随着新一代信息技术的高速发展，以智能手机为代表的联网设备广泛融入人们的生活，成为日常生活不可分割的一部分。个人身份证明、金融支付、位置定位、在线浏览行为等信息的数据化已然成为常态。随着在线交易成为最重要的消费方式之一，消费者与企业通过电子商务、社交媒体等平台建立了紧密的联系。为了向消费者提供更具针对性、更值得购买、更加优质的数字体验，如个性化推送、定向广告等，企业持续不断地收集用户个人的信息数据。消费者数据的价值和重要性日益凸显，越来越多的商业行为以消费者数据隐私为驱动，例如，通过对用户数据隐私的收集、存储、处理、分析，生成用户画像、开展市场预测，进而创造新的产品和服务。消费者和企业之间似乎有一种"约定俗成"的认知：许多消费者同意共享数据，以换取免费或打折的商品，企业允诺使用数据来实现个性化服务体验和产品创新。然而，近年来数据隐私的滥用、泄密事件时有发生，引发了消费者对数据隐私态度的转变。利用大数据对新老用户实施差异化定价的"大数据杀熟"、过度收集用户个人信息导致的"数据监控"等词进入人们的视野，加剧了消费者对企业数据收集行为的警惕和抵触心理，以及对个人隐私的担忧。归根结底，引发消费者隐私担忧的矛盾点在于企业收集存储利用数据行为与消费者预期之间的不一致。因此，充分了解消费者在数字营销中隐私问题的前因和后果及其边界机制，对研究者和营销管理人员都具有重要意义。

（二）隐私与数据隐私

隐私与数据隐私的概念是随信息技术发展而动态变化的。信息技术的发展使"公共"与"私密"之间的边界变得复杂（Smith 等，2011）。经过梳理，可以将现有文献对隐私的定义归纳为三类：隐私能力观、隐私权利观和隐私商品观。

隐私能力观以控制为中心，将隐私视为一种对自身信息的控制能力（Stone 等，1983；Smith 等，1996），控制个人、团体或机构自行决定自己的信息在何时、以何种方式以及多大程度上被传达给他人（Malhotra 等，2004）。信息系统等学科的一些研究学者认为，隐私本身不可与控制等同，控制仅可作为形成隐私的因素之一。

隐私权利观是一种基于价值的观点。该观点可追溯至 19 世纪末，美国学者 Warren 和 Brandeis（1890）将一般隐私定义为个人不受外界干扰的、独处的权利。我国《民法典》第六章的第 1032 条和第 1034 条分别对隐私和个人信息给出明确定义，"隐私是自然人的私人生活安宁和不愿为他人知晓的私密空间、私密活动、私密信息"；个人信息指"以电子或者其他方式记录的能够单独或者与其他信息结合识别特定自然人的各种信息"，如姓名、出生日期、身份证件号码、行踪信息和生物识别信息等。在实际生活中，个人信息的收集处理与隐私受到侵犯之间往往存在"先收集后知晓（侵犯）"的时间先后顺序，或者两者是同时发生的，可见隐私和个人信息在定义上不可避免地存在交叉与重叠。对于隐私与个人信息的权利性质，王利明（2021）认为隐私权主要是一种精神性的人格权，财产价值并不十分突出，且并不局限于以信息的形态呈现，个人信息权则属于一种综合性的权益，同时包含精神利益和财产利益，普遍以被记载或数字化的形式表现。

类似地，隐私商品观与隐私权利观均为基于价值的观点。隐私商品观认为隐私权不是一项绝对的权利，而是受"成本—效益分析"经济原则制约的（Smith 等，2011）、在市场上用于交易的商品。持"隐私商品化"观点的消费者往往认为，以个人信息为代价的交换是一种互利的伙伴关系（Campbell 和 Carlson，2002）。以 Datacoup 公司（美国一家直接向用户购买个人数据的创业公司，其业务已于 2019 年 11 月关闭）为典型的"个人数据经济"商业模式，以及要求消费者支付额外费用的"为隐私付费"商业模式即为隐私商品观在实践中的应用，Elvy（2017）认为，这两种模式可能导致或恶化隐私的不公平获取，并可能进一步导致掠夺性和歧视性行为，带来新的问题与挑战。

由于隐私本身难以理性评估或测量，与隐私相关的实证研究主要依赖于对某种具体的隐私进行研究，如数据隐私。数据隐私是指与消费者个人数据传播和使用相关的隐私。这些数据包括但不限于人口统计信息、在线搜索历史和其他个人信息数据。数据隐私是企业进行数据治理的一个重要方面，企业需要在充分了解所拥有的数据、数据存储位置以及数据的处理流程和方式的基础上，根据数据保护的法律法规和最佳隐私实践来处理消费者个人数据，例如设置访问控制、保护个人数据不被未授权第三方的侵害、在必要时获得数据主体（即消费者）的同意等。

由于对隐私的含义理解和学科视角差异，不同学科领域的学者对消费者隐私的研究重点有所不同。例如，计算机科学学科侧重于差分隐私、联邦学习等隐私保护的技术研究；法学学科聚焦于与隐私保护权利义务、法理逻辑和政策法规相关的研究；而在营销学科中，学者主要基于消费者视角考察消费者的隐私心理。这些研究通常采取社会心理学的方法，对消费者的认知变化及其决定因素或影响结果进行分析和评估。

二、隐私担忧

（一）隐私担忧的维度变迁

　　在营销研究中，"隐私担忧"是研究消费者隐私的重要构念之一，被许多学者广泛采用。这一构念反映了人们对隐私普遍持有的一种观点，较好地反映了人们对隐私的看法。然而，隐私担忧的具体维度是会随着时代和技术的发展而有所变化的（见表4-1）。

表4-1　隐私担忧的测量维度对比

发展阶段	维度	含义	来源
传统媒介	收集	消费者因大量可识别其个人身份的信息被收集和存储在企业的数据库中而产生的担忧	Smith 等（1996）
	未授权的二次使用	消费者关于企业为了某个特定目的从个人那里收集信息但未经授权就将信息另作他用的担忧	
	不正当访问	消费者因其个人数据会被某些人在未经授权查看或使用的情况下就轻易获得而产生的担忧	
	错误	消费者因其个人数据可能出现故意或偶然的错误而企业的保护措施不足而产生的担忧	

续表

发展阶段	维度	含义	来源
PC 互联网	收集	消费者因其个人数据被他人占有的具体数量与所获价值比例不当而产生的担忧	Malhotra 等（2004）
	控制	消费者因其通过既有的意愿表达途径对个人信息的控制能力不足而产生的担忧	
	隐私实践知晓	消费者因其对企业的信息隐私实践知晓程度不高而产生的担忧	
移动互联网	感知监测	消费者因自己的活动可能被监测、记录并传输到各种实体而产生的担忧	Xu 等（2012）
	感知入侵	消费者对于数据接收者能够对他们的个人信息作出独立决定时产生的担忧	
	个人信息的二次使用	消费者因自身已经被收集和使用的个人数据在未经个人授权的情况下可能被用于其他目的的担忧	

资料来源：笔者根据相关文献整理。

1. 传统媒介时代的隐私担忧

20 世纪 90 年代，作为当时的新兴通信技术，万维网尚处在"萌芽期"，还没有被大众广泛使用。这一阶段也被称为"传统媒介时期"，该阶段计算机和阿帕网已经出现，人们对隐私的担忧主要集中在电话和电子邮件两类通信工具，以及与个体匹配的电话号码、电子邮件等信息组成的计算机记录（数据库）。此时，越来越多的企业营销人员采用数据库营销的观念，并建立了自己的营销数据库。来电显示/自动号码识别、销售点系统、计算机匹配等技术促进了详细个人信息的收集、分析与交换（Culnan，1993）。例如，来电显示不仅为企业提供了致电者的身份，在结合计算机匹配技术后，使得企业能够确定致电者的姓名、地址、信用等级、信用卡号码、个人购物行为等信息，从而构建营销数据库。在此背景下，Smith 等（1996）里程碑式地开发并初步验证了测量个人对组织信息隐私实践的担忧（CFIP）的量表，该量表将隐私担忧视为"个人对企业信息隐私实践的忧虑"，包含收集、未授权的二次使用、不正当访问和错误四个维度，为后续开展隐私相关的研究提供了可靠的测量工具。

2. PC 互联网时代的隐私担忧

随着使用者规模的扩增，万维网迈向"成长期"，人类进入"PC 互联网时期"。用户生成内容（账户信息、博客文章、在线评论和图片视频等）的出现使得数据的数量和种类急剧增加，为消费者行为定位提供了许多原始资料，同时也产生了大量可用的营销数据，例如借助页面浏览量和点击数据衡量在线广告的有效性（Wedel 和 Kannan，2016）。传统交易从线下走向线上，电子商务展现出巨大的潜力，尽管此时电子商务在全世界所占的市场份额不到 1%（Malhotra 等，2004）。更进一步地，个人信息数据的采集、存储和处理的难度和成本越来越低，消费者数据对企业的重要性和价值一直在增加（Rust 等，2002），隐私法和安全技术的发展却不尽如人意。Malhotra 等（2004）依托社会契约理论，借鉴 CFIP 量表，提出了一个关于网民信息隐私担忧的理论框架（IUIPC），该量表包含收集、控制和隐私实践知晓三个维度。研究发现，与 CFIP 量表相比，IUIPC 量表具有更高的可靠性和聚合效度，更适用于我国的研究环境（杨姝等，2008）；信息敏感性和量表选择之间存在显著的交互作用，例如，在高信息敏感度情景下采用 IUIPC 量表，人们的风险感知水平会增加（Okazaki 等，2020）。

3. 移动互联网时代的隐私担忧

与传统互联网不同的是，移动互联网下的平台和应用允许实时且永远在线的数据通信和传输，这给用户的隐私带来显著威胁（Xu 等，2012）。例如本地生活信息服务平台应用"大众点评"可以根据用户的实时位置，随时为用户推送周边商户的信息；跨应用的广告追踪策略通过追踪用户的设备身份标识，不断收集用户的信息数据，以期实现精准的广告推送。Xu等（2012）认为，相比传统互联网，移动应用程序和操作系统采用的数据收集和传输方式更加激进，可能使得移动用户与在线消费者的信息隐私担忧维度存在差异，触发用户对监控、入侵和个人信息被二次使用的感知。因而，Xu等（2012）指出，隐私担忧是"（用户）将信息披露给特定外部代理时，对可能失去的隐私的忧虑"，同时借鉴沟通隐私管理理论中的三个边界协调规则开发并验证了移动用户信息隐私担忧（MUIPC）量表，该量表包含感知监测、感知入侵和个人信息的二次使用三个维度。

（二）隐私担忧的影响因素

Smith等（2011）以隐私担忧为中心构念，构建了"前因（Antecedents）→隐私担忧（Privacy Concerns）→结果（Outcomes）"的分析框架。图4-2展示了基于此分析框架对现有相关研究结论的总结。

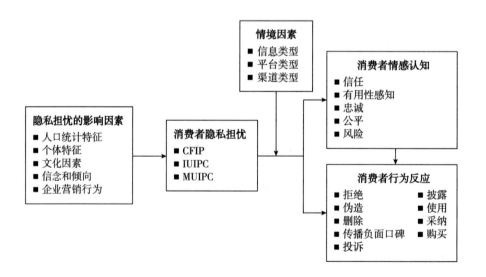

图4-2　消费者隐私担忧的影响因素及其作用结果

资料来源：笔者自行整理。

1. 消费者的人口统计特征

消费者隐私担忧的感知水平可能会受到性别、年龄和教育水平等人口统计特征的影响。例如，相对男性而言，女性的隐私担忧水平一般更高。一项以社交网络为背景的元分析结果显示，相对于男性，女性对个人隐私的担忧更大，她们更有可能对自己的社交账号进行一些隐私设置，避免在个人账号简介中暴露自己的个人信息，也更有可能会在上传照片的过程中主动删除一些标签（Tifferet，2019）。Baruh 等（2017）的一项元分析结果也得到了类似的结论，在具有更多女性参与者的样本中，更高的隐私担忧会显著降低社交网络的使用（如注册社交网站的会员、订阅社交媒体资讯）。这可能是因为女性较少具备隐私保护措施的技术知识。在年龄方面，Goldfarb 和 Tucker（2012）认为，年长的人具有更高的隐私担忧水平，并且这种隐私担忧水平的差异会随着时间的推移而进一步加深。与年长的消费者相比，年轻的消费者相信自己有能力预防数据被滥用和隐私受到侵害，因此他们的隐私担忧程度更低。在多数与隐私担忧相关的实证文献中，教育水平是常见的控制变量，通常与隐私效能、自我效能、网络素养等构念相关联，但教育水平与隐私担忧之间的关系并不是确定的，存在不同的解释可能（Rosenthal 等，2020）。一般而言，受教育程度高的消费者拥有更多的隐私法律法规、隐私保护实践和互联网技术方面的知识，深刻了解自身所处的信息互动环境和在这种环境下应该享有的义务责任（如不必要的数据收集和使用），具有更强的风险意识，因此他们具有更高的隐私担忧水平。另一种可能是，具有更高教育水平的消费者觉得自己更有能力保护自己的隐私，并认为用个人数据交换信息便利所带来的损失更少，因此表现出更低的隐私担忧水平。

2. 消费者的个体特征

消费者隐私担忧的感知水平可能会受到个体特征的影响，如性格特质、隐私相关经历或体验以及文化因素。例如，以"大五"人格特质为典型的消费者性格特质已经被证实能对隐私担忧产生影响。Bansal 等（2010）的一项关于在线健康信息的研究发现，情绪不稳定性人格和宜人性人格会提高个体的信息敏感度，进而提高他们的隐私担忧水平；智慧性人格则会降低个体的信息敏感度，进一步降低隐私担忧；外向性人格和责任性人格对隐私担忧不存在显著影响。后续研究发现，消费者所处情境的敏感程度在上述关系中发挥调节作用，外向性人格仅在低敏感的情境中才能降低隐私担忧，在高敏感的情境中影响作用不显著（Bansal 等，2016）。研究表明，当消费者意识到组织在未经他们允许的情况下收集和（或）使用了他们的个人信息时，将会引发消费者的隐私担忧（Cespedes 和 Smith，1993）。Smith 等（1996）发现，有过个人信息隐私被滥用经历的消费者具有更高水平的隐私担忧；即便是听闻过负面隐私事件的经历，例如通过新闻媒体获知某企业存储的个人信息数据泄露的消息，也会引起消费者的隐私担忧。Goldfarb 和 Tucker（2012）通过模型推导以及实证调查发现，随着时间的推移，人们的隐私担忧水平会不断提升。总体而言，隐私相关经历对消费者的隐私担忧具有明显的促进作用。

3. 消费者的文化因素

不同文化、不同国家的消费者在隐私担忧水平上也可能存在差异。Hofstede 模型从六个维度，即权力距离、不确定性规避、个人主义/集体主义、男性气质/女性气质、长期/短期导向和放纵/克制，来比较民族文化，提供了一个关于文化取向的有用框架（Hofstede 等，2010）。根据沟通隐私管理理论，个体所处的文化，特别是文化中赋予隐私的意义，可能在决定消费者采取何种隐私规则的过程中发挥了关键作用（Petronio，2002）。Bellman 等（2004）实施的一项全球消费者调查研究结果显示，个人主义/集体主义和不确定性规避与隐私担忧（CFIP）中的错误维度之间具有负相关关系，男性气质/女性气质与错误维度之间具有正相关关系，不确定性规避与隐私担忧的收集维度之间具有负相关关系。

4. 消费者的信念和倾向

消费者隐私担忧的感知水平可能会受到与隐私相关的信念倾向的影响。现有文献已经探索了多种消费者信念或倾向对隐私担忧的影响，如感知脆弱性、信息敏感度、感知控制。感知脆弱性描述了个人信息披露时，个体所感知到的潜在风险。在数字经济时代，消费者面临着个人信息被滥用的风险，如未经授权的访问、存储和处理个人信息，这会进一步提高他们的脆弱性，从而加剧消费者对隐私的担忧。Dinev 和 Hart（2004）的研究为感知脆弱性和隐私担忧之间的正向关系提供了有力的实证支持。信息敏感度被定义为个人在特定情况下对特定类型数据的隐私关注程度，它反映了每条信息数据的价值及其与其他信息相联系的能力（Foxman 和 Kilcoyne，1993；Sheehan 和 Hoy，2000）。请求的数据类型可能会影响消费者对隐私问题的反应，特别是当请求的数据对消费者而言非常敏感时，消费者的隐私担忧程度将会加剧（Bansal 等，2010；Bansal 等，2016）。感知控制反映了消费者感知到的自身管理其信息披露的能力（Xu 等，2011）。当消费者感知到的隐私控制能力较高时，他们可能会觉得自己能够有效控制个人信息的披露，例如，他们了解什么信息是被收集的，以及信息收集者将如何使用这些信息。高水平的感知控制可能有助于减轻他们对隐私的担忧。

5. 企业营销行为

在企业的营销实践中，基于位置的服务、营销组合的个性化等新兴技术已经被互联网企业广泛采用。这些营销实践极大地依赖于对消费者个人隐私数据的获取、分析和处理，很容易引起消费者对自身隐私问题的担忧。例如，基于消费者使用行为标签化的定向广告会引起消费者的隐私担忧，进一步降低定向广告的有效性（蒋玉石等，2015）。与此同时，研究结果亦表明，这些营销实践确实为消费者带来了更具便利性以及更加适用的产品或服务（Chellappa 和 Sin，2005），这种可被消费者感知到的利益使得消费者在个性化与隐私担忧之间进行一种计算权衡，这种权衡也被称作隐私演算理论（Smith 等，2011）。

企业营销实践不仅会对消费者的隐私担忧产生直接影响，还会通过营销互动中所采用的具体方式引发消费者的感知变化，从而进一步对隐私担忧产生间接影响。相关的因素包括：赋予消费者控制权、互动界面的设计、信息类型的敏感性、互动沟通的质量以及广告内容和消费者动机的一致性。赋予消费者控制权，即让消费者对个人信息的收集和使用拥有更多的控制力，以及在互动界面提高程序可用性，或在互动过程中呈现人性化或拟人化的特点，将有助于降低消费者的隐私担忧（Gal-Or 等，2018；Hong 等，2021）。与此同时，低质量的互动沟通以及要求消费者授权敏感性较高的信息则会加剧消费者的隐私担忧（Bansal 等，2010；Lwin 等，2016）。Carlson 等（2022）通过一项调查和两项实验发现，社交媒体广告内容与消费者在线动机的不一致性会增加消费者的隐私担忧水平，而一致性则可以缓解这种负面影响。因此，企业可以通过一定的策略方法，转换产品或服务的呈现方式，以缓解和降低消费者面对企业营销实践时的隐私担忧程度。

（三）隐私担忧的作用结果

1. 对认知和行为的直接影响

根据 Smith（2011）等的分析框架，隐私担忧通常对消费者的情感认知和行为反应产生影响。一方面，隐私担忧会降低消费者的信任、有用性感知、忠诚和公平等正面的情感认知，或增强消费者的负面情感认知（如风险）（Krishen 等，2017；Okazaki 等，2020；Slepchuk 等，2022）。另一方面，隐私担忧将通过消费者的情感认知，间接或直接地对消费者的行为反应产生影响（Mothersbaugh 等，2012；Bansal 等，2016）。例如，减少消费者的披露、使用、采纳和购买行为，或增加消费者的拒绝、伪造、删除、传播负面口碑、投诉等信息隐私保护反应（Son 和 Kim，2008；Youn，2009；Tsai 等，2011；Baek 和 Morimoto，2012；Hoehle 等，2019）。

2. 情境因素

隐私担忧对消费者情感认知和行为反应的影响还进一步受到了信息类型、平台类型和渠道类型等情境因素的调节。在信息类型方面，消费者的信息数据可根据敏感性的不同进行区分，更高的数据敏感性将增加隐私担忧的影响，例如显著降低消费者的有用性感知和使用行为。在平台类型方面，互联网平台可分为工具型平台（如在线健康社区）和情感型平台（如在线社交平台）。相比于情感型平台，在工具型平台中，消费者披露信息的决定更多地依赖于隐私担忧，他们对待隐私问题的态度更加理性，因此隐私担忧对信息披露的负向影响更大。在渠道类型方面，在网页渠道中隐私担忧对使用行为的负面影响更大，在移动渠道中隐私担忧对信任产生更多的负面影响，而在社交渠道中隐私担忧对风险感知的正面影响更强，对使用行为的负面影响更弱。

3. 对隐私悖论的解释

值得注意的是，大量研究发现消费者的隐私态度与隐私行为之间存在不一致的情况，消费者一方面担心自己的隐私可能被滥用，表现出了明确的隐私担忧，另一方面依然在继续向企业披露自己的个人信息。这被称为

"隐私悖论"（Privacy Paradox）现象。针对这一现象，研究者从成本—收益、解释水平（Construal Level）和调节定向（Regulatory Focus）等不同视角做出了解释。

基于成本—收益视角，消费者认为数据具有经济价值，并且愿意通过披露自己的个人信息隐私来换取个性化的服务或者其他产品或服务。因此，对于消费者而言，完全不披露隐私也会带来成本，如孤独感的增加，而披露一定的信息隐私有助于获取其他有价值的东西。

基于解释水平视角，隐私担忧仅能降低消费者长期的隐私披露意愿，而长期的隐私担忧与当下行为之间存在较远的距离，这种距离差异进而导致了行为与态度的不一致。

基于调节定向视角，具有不同调节定向类型的消费者对披露个人信息隐私所带来的积极结果和消极结果表现出不同程度的隐私悖论。然而，一种更有可能的解释是，消费者根本不知道如何在网上保护自己及自己的个人隐私信息，并且企业的要求让他们难以做出选择。当企业仅仅是简单地访问消费者的个人信息时，消费者依然认为自己没有能力实施有效的数据隐私保护行为。针对消费者表现出的隐私悖论行为，我们呼吁企业应采取更多的行动来践行保护消费者数据隐私的责任。

三、营销中的数据隐私问题

（一）人工智能营销中的数据隐私

当前，人工智能已经广泛嵌入产品和服务中，改变着消费者生活的方方面面，给消费者带来了重要的利益，为企业提供了巨大的竞争优势。受益于人工智能，消费者可享受可穿戴设备中的健康监测服务、在推荐系统中找到心仪的商品、通过智能家居产品获得舒心的体验、感受声控虚拟助理提供的便利等。然而，尽管人工智能可以以非常具体和相关的方式改善消费者的生活，考虑到社会环境和个体的复杂性，在消费者的人工智能使用过程中或多或少地存在可能破坏消费者体验的潜在问题，这些问题应当引起企业和营销管理人员的关注和思考。

Puntoni 等（2021）将人工智能概念为一个生态系统，这个生态系统包含了三个基本元素，即数据收集和存储、统计和计算技术以及输出系统。这三种基本元素反映了人工智能的能力，其中数据收集与存储对应人工智能的听取能力，统计和计算技术对应预测能力，输出系统则对应人工智能的产出能力和沟通能力。总体而言，这些基本元素构成了人工智能的智能和自主决策能力，使得基于人工智能的产品和服务能够执行并完成相应的任务。

从消费者旅程来看，人工智能生态系统中的三个基本元素分别对应了不同的消费者交互体验环节。数据收集与存储对应消费者的数据捕获体验，消费者可以主动地向人工智能提供数据，或者人工智能从消费者在日常行为活动中留下的"数字足迹"中获取数据，如网页浏览、搜索内容和购物消费等数据。统计和计算技术对应消费者的分类体验，指的是消费者感知到的人工智能的角色化预测结果，即人工智能将消费者归类为某种消费者类型的结果。输出系统对应消费者的委派体验和社交体验。委派体验是指消费者在生产过程中使用人工智能解决方案来执行原本由他们自己执行的任务。社交体验指的是消费者与人工智能进行交互交流，如声控虚拟助手和人工智能客服。这四个体验环节相互关联，构成了消费者与人工智能交互的完整体验。

在消费者与人工智能交互的体验中，存在三个潜在的隐私问题。第一，在数据捕获体验环节，消费者数据的采集方式越来越具有侵入性、越来越难以避免。企业依托人工智能技术进行大规模的数据集成并实时、不断地监控消费者的行为，将消费者的生活和现状与各种来源的数据联系起来。消费者不知道数据是在什么时候以及如何被企业整合使用的，并且上述过程很难受到监管约束，缺乏透明度和问责制度，数据隐私受到了极大的威胁。第二，在分类体验环节，人工智能也可能使消费者感到被误解，当他们认为人工智能不准确地将他们分配到某一群体，或者根据群体分配做出了有偏见的预测并产生歧视性后果，使得消费者的权利和自由受到限制，进而形成一种被过度解读或误解的负面情绪和抗拒心理，这与CFIP中的错误维度不谋而合。基于此，企业及管理人员应深入了解可能存在于人工智能算法中的特定偏见（如社会和种族偏见），并根除这些偏见。第三，在社交体验环节，考虑到丰富的社会文化环境，人工智能很可能加剧社会和个人对不平衡的群体间关系和歧视的担忧。具体而言，当人工智能具备人类的特征、行为和语言时，消费者与人共治的联系会更紧密；然而，当人工智能的语言模式中隐匿的父权规范、物化他人、种族孤立、刻板印象等暴露时，会使得某些消费者感到不适甚至受到侵犯，这些将可能进一步影响到消费者与企业之间的关系。因此，企业及管理人员应尽可能地提高人工智能应用的有效性，避免其对特定消费者群体造成障碍，减少产生这种"疏离"的可能性。

（二）全渠道营销中的数据隐私

在数字化的推动下，现如今的消费者通过线上移动和线下渠道与企业进行互动，这种互动方式促进了全渠道营销的发展。越来越多的消费者通过全渠道进行消费决策，极少的消费者仅通过纯线上或纯线下的方式进行购物决策，消费决策的渠道界限逐渐模糊，全渠道消费正在兴起。全渠道营销旨在促进交易的基础上，在各个渠道上建立更加一致的消费体验，强调数字渠道和实体渠道的无缝融合，实现消费者在搜索、购买、消费和分享等环节中全时段、多场景的互动。基于全渠道"无缝融合"这一特征，全渠道营销的实现依赖于对各种客户接触点的全面集成。换句话说，全渠道营销要求获取并整合消费者在不同渠道中的数据，这些数据来自企业内部或企业外部，如社交媒体、电商网站、线下门店等。通过对消费者数据的获取、分析、处理，企业和管理人员可以洞察未来的营销机会。然而，这种对消费者各个渠道数据全面集成的做法，也使得消费者的数据隐私保护成为全渠道营销面临的重要挑战之一。尽管这一挑战早在全渠道营销之前就已经存在，但在数字化的全渠道环境中，消费者数据隐私保护问题变得更加严峻。

全渠道营销中的消费者数据隐私问题可能因产品或服务的不同而有所差异。根据消费者在购买决策过程中对产品或服务的信息收集和介入程度，可将商品分为高卷入性商品（如医疗健康和金融服务）和低卷入性商品（如咖啡和饼干）。低卷入性商品往往需要较短的消费者决策旅程，因此如果消费者购买此类商品的购物偏好与历史数据被其他人看到，他们通常不会感到困扰。而对于高卷入性商品，消费者往往在购物旅程中投入了更多的个人数据（可能包含隐私数据），如面部识别数据，当这些数据在全渠道营销过程中被企业收集、存储和分析处理，消费者往往更容易产生隐私方面的困扰。

总体而言，这给同时关注消费者数据隐私和全渠道营销的企业带来了三大潜在挑战。第一，消费者可能不愿意让企业收集、分析和同步他们的个人数据。解决该问题的一种方法是增加消费者对个人数据的感知控制。对于消费者而言，缺乏控制感、感知到隐私被侵犯是很严重的问题。因此，许多管理解决方案可能会以改善消费者的数据控制形式来缓解这一问题。第二，消费者可能不愿意企业与第三方共享其在消费决策过程中的数据。迄今为止，企业更多地聚焦于如何与渠道伙伴共享、整合消费者数据，忽视了对消费者隐私担忧的回应。第三，监管机构可能不允许企业在不同的实体、设备和渠道之间共享和同步消费者的数据。我国的《个人信息保护法》，以及欧盟的《通用数据保护条例》、美国的《加利福尼亚州消费者隐私法案》和《弗吉尼亚州消费者数据保护法》等不同国家和地区的法律法规可能对企业完全充分利用和部署消费者个人数据以实现全渠道营销有所阻碍。

四、营销数据的分级分类

（一）监管层面的分级分类

消费者数据隐私安全对企业的重要性不言而喻，在面向消费者的营销活动中，数据隐私安全是开展诸多业务的重要原则之一。《常见类型移动互联网应用程序必要个人信息范围规定》为 39 类常见类型移动应用程序划定了必要个人信息范围。《个人信息保护法》进一步明确了敏感个人信息的界定标准和处理规则，为敏感个人信息保护提供了基本法律指引。2021 年全国信息安全标准化技术委员会发布的《网络安全标准实践指南——网络数据分类分级指引》规定了网络数据分类分级的原则、框架和方法。该指引明确指出，如果数据属于个人信息，应识别敏感个人信息、一般个人信息，对个人信息进行定级。由此可见，对消费者数据进行的安全隐私分级分类保护管理，一方面回应了消费者层面的关切与诉求，另一方面也响应了政府监管层面的要求和规定。

（二）企业层面的分级分类

在管理实践中，一些企业也积累了一定的分级分类管理经验。在阿里云的大数据开发治理平台中设置有明确的配置数据规则，该平台支持开发者按照数据的价值、内容敏感程度、影响和分发范围对不同数据进行敏感级别划分。此外，平台还提供数据脱敏、风险识别的管理模块。

华为公司构建了以元数据为基础的安全隐私保护框架，基于对个人信息数据保护和流通相关法律法规的解读和企业内部的管理要求，将设计潜在隐私管控需求的数据分为个人数据、敏感个人数据、商业联系个人数据、一般个人数据和特种个人数据五个类别进行管理。

（三）基于敏感度—披露意愿的分级分类

基于消费者心理视角的营销研究通常将敏感个人数据作为一种情境因素，而对敏感个人数据本身的研究较少。笔者开展了一项针对中国移动互联网用户的敏感个人数据调查，基于此调查的个人信息条目分类结果如图4-3所示。

这项调查研究主要参照了 Markos 等（2017）和 Schomakers 等（2019）的方法，通过在线问卷平台分发调研问卷，调查受访者在使用移动 APP 时对 69 类个人信息条目的敏感程度和披露意愿。研究结果显示，不同类型个人信息的敏感度和披露意愿差异较大，中国移动互联网用户对个人财产信息（如银行账户和信用卡）和个人身份信息（如身份证、社保卡信息）较为敏感，对网络空间的虚拟档案信息（如网名）和个人基本信息（如身高和体重）的敏感程度较低。

信息条目的分类采用了聚类分析方法。根据不同信息数据类型的敏感度和披露意愿，移动互联网用户的个人信息条目可分为高隐私（如指纹、DNA 档案、GPS 定位信息）、中隐私（如个人职业、出生地、IP 地址）和低隐私（如身高、体重、宗教信仰）三类。

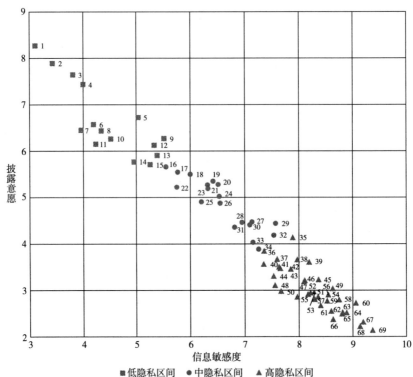

图4-3 基于敏感度—披露意愿的个人信息数据分类

注：①低隐私区间（标号1～15）的信息条目依次为：国籍、民族、性别、网络昵称/网名、年龄、身高、肺活量、体重、生日、宗教信仰*、血压、学历、使用该APP的硬件设备信息、血型、性取向*。

②中隐私区间（标号16～34）的信息条目依次为：所在地的省/市/县、教育经历、出生地/籍贯、个人姓名、参与APP调查时提供的信息、电子邮件地址、安装的各种APP、家庭关系、个人职业、婚史*、工作经历、个人信息主体账号、IP地址、个人电话号码、该APP的浏览使用记录、固定电话号码、个人数字证书、出发地/到达地、间接用户画像。

③高隐私区间（标号35～69）的信息条目依次为：联系地址、其他APP的浏览使用记录、个人收入状况/收入水平、短信验证码*、住址*、虚拟财产信息、拥有的车辆状况、书写笔迹信息、行踪轨迹*、医疗记录*、精准定位信息*、联系人列表、直接画像信息、病症*、面部识别特征*、病史*、住宿信息*、声纹*、车辆登记号码/车辆识别号码、指纹/掌纹*、个人基因*、通信记录和内容、驾驶证*、登录密码*、口令*、身份证*、机动车行驶证/车辆行驶证、征信信息、社保卡*、交易/消费和流水记录、医保卡、信贷记录、银行卡/银行账户*、信用卡*、支付密码*。

④带*标记的信息条目为《网络安全标准实践指南——网络数据分类分级指引》中的敏感个人信息示例。

资料来源：笔者自行整理。

通过将聚类分析的结果与《网络安全标准实践指南——网络数据分类分级指引》中的敏感个人信息示例列表进行对比，笔者发现聚类分析得到的 35 项高隐私个人信息条目中有 15 项不在该列表中，而该列表中有 3 项个人信息条目归入聚类分析的低隐私和中隐私类别。

基于此调查研究的结果，笔者认为有必要适时对个人敏感信息示例进行重新评估和动态更新，建立更具合理性的个人信息数据保护监管机制。

第五章　数字时代的营销基础设施

第一章的分析提出，新一代信息技术的发展要求营销战略的制定与实施重视对数据与数字化技术的管理与应用，并将这一任务嵌套于营销组织内部架构与业务流程变革之中，以便于更新营销的技术性基础设施（Technical Infrastructure）与组织性基础设施（Organizational Infrastructure）。本章立足于营销的数字化情境，探讨两类营销技术性基础设施（数据中台技术、数据编织架构）对营销业务的组织与未来营销数据管理的影响，然后探讨营销组织性基础设施的变革与领导力问题。

第一节　面向多元营销业务的数据中台

为确保数字营销业务及流程的顺利开展，企业应根据外部技术环境变化，设计基于数据的新型营销组织与管理架构，为营销部门提供技术基础设施支撑，以提升营销活动效率。

一、数据中台概述

（一）数据中台的内涵

数据中台（Data Middle Platform）作为中枢机构旨在解决数据集成、共享及应用等问题，不仅承接企业"经营前台"，而且为企业"保障后台"提供支撑。数据中台这一新型组织架构，得到了众多企业的认可与应用。例如，阿里巴巴在 2015 年开创了"大中台，小前台"的组织机制和业务机制，通过统一数据中台系统支持前台应用服务。关于数据中台的定义，理论界和实务界根据研究问题与应用场景不同虽有所差异，但内涵大致趋同。

首先，数据中台是以数据为支撑的新型组织架构。数据中台位于前端和后端的中间层次，是一个企业级的数据共享和能力复用平台，是数字化转型的基础和中枢系统，包含一系列数据组件或模块。具体来说，数据中台是能提供数据采集、数据存储、数据处理与数据服务面向业务应用的全链路一体化数据智能平台，通过构建全域数据共享，有效实现企业数据的快速流转与价值挖掘（李爱霞等，2021）。

其次，数据中台是通过对数据的加工与利用，赋能企业业务创新发展的中介组织。数据中台将企业全域海量、多源、异构的数据进行资产化整合，为前台业务提供数据资源和能力支撑，以实现数据驱动的精细化运营。数据中台通过"让数据用起来"的机制，依靠数据赋能的战略选择与组织形式，持续不断地将数据变成资产，并服务于企业业务创新发展，从而更好地响应和满足用户需求（郭全中，2019；付登坡等，2020）。

最后，数据中台的构建是提升企业运营能力及效率的有效途径。数据中台作为企业数字化转型的基础和中枢系统，可通过抽象数据能力组建而成的通用数据服务能力，提升企业数据的计算、分析及应用水平（陈涛等，2016）。具体来说，数据中台的有序运转一方面可提升前台的快速响应能力，另一方面可打通前台需求与后台资源，提升企业整体业务的服务水平及创新能力（只莹莹，2021）。

总体来看，数据中台不仅是一套软件系统或标准化产品，更是一种强调资源整合、集中配置、能力沉淀、分步执行的运作机制，它通过一系列数据组件或模块的集合，从而赋能企业数据治理效率的提升、业务流程与组织架构的升级以及运营与决策的精细化构建。

（二）数据中台的架构

数据中台建设一般包括技术中台和业务中台两方面（张弛，2021）。技术中台主要是为上层的各个应用提供公共服务支撑，主要包括基础设施层、技术 PasS 层和业务中台的基础组件层。业务中台则更多偏向于对业务流程的管控，将各业务流程的共性抽象为通用的业务服务能力，并将业务数据化，实现后台资源到前台敏捷复用能力的转化，提升面向终端用户的前台速度和效率（郭全中，2019）。

虽然技术中台与业务中台对企业贡献的侧重点及发挥作用的阶段有所差异，但两者都形成于企业 IT 系统架构的演进过程，并从企业自身 IT 系统规划、建设、运营、运维等方面提升相关共性的服务能力。同时，技术中台和业务中台作为构建数据中台的关键支柱，可支撑从营销推广、转化交易到智能服务的闭环服务流程，从而促进企业数字营销业务的创新发展。

二、营销数据中台的构建基础

（一）企业数字化转型的需要

在数字信息时代背景下，国家及各级地方政府为提升国家信息化的整体水平，相继颁布了推动企业数字化转型的配套政策。具体而言，我国信息化建设紧密围绕打造网络强国、建设数字中国、"互联网+"行动计划等国家战略，充分发挥信息化驱动引领作用，鼓励推动物联网、云计算、大数据、人工智能、区块链等新一代信息技术与行业创新发展的深度融合。企业作为推动国家信息化进程的重要单元，需要围绕国家政策进行新型技术与创新发展模式的战略探索及转变，从而助力国家稳步实现信息化及数字化转型。

（二）大量但分散的营销数据资源

新一代信息技术的快速发展提升了企业的信息记录能力，企业可更便捷地获取关于消费者、合作伙伴及竞争对手等利益相关者的各项数据，并为后续的数据处理及应用奠定资源基础。事实上，大部分企业已经认识到数据资源对构建竞争优势的重要性，并拥有较好的数据基础，然而，有些企业仍存在"数据孤岛"等问题，难以激活数据价值并从中获利。企业为实现数据资产化以及数据服务提供与业务需求的有效匹配，需系统搭建服务企业前后端的数字化业务体系，将数据这一关键生产要素融入企业整体运营的各个流程及环节，从而充分释放数据价值。

（三）客户的多样化市场需求

数字技术的快速发展使消费者需求的特征逐步由模仿型、同质化、单一化向差异化、个性化、多元化转变，这也使企业在为消费者提供服务时要充分发挥信息技术的作用。此外，数字营销已与电商、媒体、金融等行业深入融合，并逐渐渗透到消费者生活的各个场景。数据中台有助于实现企业业务创新，其提供的技术平台和全网数据运营能力，可为解决商业领域问题提供数据及决策支撑。具体而言，企业可以通过收集并处理与用户行为和特征相关的各类数据，分析用户的基本属性、预测用户行为（如喜好、习惯和心理），并科学透析用户的兴趣点与痛点，从而实现精准营销。例如，企业基于数据中台的智能化决策，可以推出新产品并改进既有产品、提供个性化定制服务、实现广告精准化投放、精准诊断营销活动运行现状等。

（四）营销组织的跨部门业务融合

企业传统组织架构在数字化情景中可能存在一定的弊端与局限。例如，传统职能型组织架构虽有利于提高部门专业化程度，确保内部沟通顺畅，但也存在因缺乏项目直接负责人而产生责任不明确、重视本部门业务而忽略项目整体及顾客需求、因组织联系薄弱导致复杂项目跨部门协调困难及项目额外成本增加等问题。无论企业采用哪种组织架构，数据的冗杂、前台与后台间的沟通协调、数据与业务不匹配等问题，都逐渐成为企业数字化转型发展中的突出阻碍因素。基于此，企业需要根据外部环境和自身发展需要，探索新的业务运营模式，从而构建可实现跨部门营销业务协调的企业组织体系。

三、营销数据中台的功能

（一）确保全渠道交易的高效开展

全渠道交易是指企业为提升用户消费体验，构建线上线下相融合的交易场景，以高效响应用户即时性及碎片化的需求。全渠道交易分为针对企业用户的"2B"业务及针对个人用户的"2C"业务，前者主要聚焦交易、支付、平台监管及增值服务等方面，后者则强调用户消费阶段的全流程体验。企业开展全渠道交易需要运营和技术能力的支撑，具体包括完备的商品信息数据、全域的消费者服务运营能力、高效的订单处理能力、全局可视的库存管理能力及高效的结算管理能力等，以保障各渠道消费者体验的一致性及流畅性。数据中台根据全渠道交易所需的关键能力，整合商品中心、订单中心、库存中心、结算中心等模块，并制定清晰的规则体系，以协调不同参与者的利益关系，满足不同交易场景下企业与个人用户的需求，从而提升企业全渠道交易的效率。

（二）助力全链路服务的价值创造

新一代信息技术为企业连接消费者创造了海量触点，企业服务体系的转型升级有助于及时有效地响应消费者。全链路服务是实现企业产品增值、提升用户黏性的有效途径，主要体现在服务的广度与深度两个方面。服务广度是指消费者与企业互动的生命周期，涉及营销互动、售前咨询、售中体验、售后服务、持续经营等全服务场景；服务深度主要是全用户触点的具体形式，如邮件、社交平台、客服电话、智能服务体系等，不同接触形式提供的服务内容与服务体验存在差异。传统结构化的客服系统知识沉淀难，维护成本高，"烟囱式"客户服务体系间信息共享难度大，难以实现全域消费者数据融合，客服系统运行效率较低，客户体验难以统一，这也推动企业搭建数据中台以提升服务质量。例如，基于数据中台的分布式架构支撑的业务流量分流可对客户与营销人员进行有效匹配，以提高对客户服务请求的响应，为客户提供专业服务与优质体验，从而助力企业更快地将用户流量转化为用户黏性。

（三）实现用户数据资产的可持续运营

企业在完成全触点覆盖、交易、服务等环节后，需沉淀海量、免费且可再分配的数据资产，为企业快速创新、试错及可持续运营提供资源保障。由于传统企业未建立有效的顾客管理体系，沉淀的数据资产分散在不同系统中，数据的时效性、关联性及延续性较差，难以洞察用户特征并实行精准运营。企业为实现长期用户经营、激发顾客终身价值，可通过搭建数据中台，全面了解用户特性及其画像，制定科学的用户忠诚度计划、积分及权益体系，设计用户和产品的全生命周期运营方案，策划具体的活动内容和营销策略，以实现用户精准营销。

第二节　面向多栖营销数据的数据编织

数据中台从组织架构的层面可为企业推动基于数据的营销活动提供技术支持。然而，随着企业数字业务的多元化发展和多云服务策略的实施，企业数字营销战略面临的一个新挑战是如何有效整合部署在多家云服务商处或混合云之间的营销业务数据，以支撑更全面的营销决策和业务创新。从营销组织的角度来看，数字营销的技术基础设施应能支撑多业务线、多云架构、多服务场景的营销数据高效整合与开发应用。因而，企业需借助知识图谱、云计算等新一代信息技术，创新数据计算及分析模式，对数据量大、数据类型复杂、数据格式多样化、数据来源及存储分散化的数据，进行收集、集成、分析、应用及共享，从而支撑企业营销的实时智能化决策。

一、数据编织概述

（一）数据编织的内涵

Gartner 公司认为，数据编织（Data Fabric）可被理解成一种设计理念，它可跨越平台边界进行数据整合，使数据使用不再受时间及地点限制。换言之，数据编织能管理来自多个数据源的任何形式的数据，保证其可用性和一致性，并通过应用程序和工具访问其实时数据。例如，营销管理者基于数据编织能快速将新的数据资产增加至分销商、合作伙伴以及顾客的关系网之中，并使用新数据改进决策。

然而，这种界定虽体现了数据编织的多渠道数据整合特征，但并未体现其技术架构。IBM 从技术角度提出数据编织是一种通过使用智能和自动化系统以整合各种数据管道和云环境的体系架构。它利用数据服务和应用程序编程接口，汇集来自既有系统、数据湖、数据仓库、结构化查询语言、数据库和应用程序的数据，从而提供业务的整体视图，以回应对多样化和分散化数据的需求。与单独的数据存储系统相比，数据编织整合了数据移动、转换与集成等复杂技术，在数据容量增长环境下提升数据流动性和数据运营水平。

总体来看，数据编织是数据和数据分析领域的重要发展趋势之一，它利用新一代信息技术构建的数据网络架构，赋能组织实现跨区域、跨部门的数据获取；通过创建一个即时可用的信息网络，支持不同主体在分布式环境中实现数据访问、数据共享及数据治理等功能，提升企业运行效率。

（二）数据编织的架构

数据编织通过人机协同的方式进行数据访问或整合，识别不同数据间的联系，并通过分析获得数据洞察力，增加企业数据管理的价值。现有数据编织的架构实践通常将数据编织的结构分为5个层次。

（1）数据来源层。数据编织可以借助知识图谱访问及表示所有形式的元数据（包括不同来源的结构化和非结构化数据），通过数据整理能力连接各类数据，将其存储于企业内部并应用于其他子系统（如客户关系管理系统、人力资源管理系统等）。

（2）数据目录层。基于语义识别图、主动元数据管理和嵌入式机器学习等数据编织技术，可对数据进行简化与自动化集成设计，并对元数据进行分级分类管理，通过关键指标识别出不同数据的价值，然后通过构建模型分析数据间关系，实现元数据与企业业务的匹配，从而激活企业数据价值。

（3）知识图谱层。知识图谱是数据编织的核心技术，知识图谱的语义层使用人工智能及机器学习等算法，将海量数据间的复杂关系进行简化和可视化展示，为数字营销管理者提供决策参考。而且，基于知识图谱的数据应用能自动推送关键信息，保障其对数据的访问及数据共享与使用。

（4）数据集成层。数据编织提供自动编织、动态集成的能力，能兼容各类数据集成方式。具体而言，数据编织借助专业技术进行数据转换、集成和清洗等，整合分散的数据以发现新的机会。例如，找到连接供应链数据集市和客户关系管理数据系统的方法，保证企业内外部利益相关方的数据共享和使用。

（5）数据消费层。数据编织能够为企业用户和非企业用户提供数据或服务，具有显著的兼容性特征。它既可以满足IT专业人员（如数据分析师、数据工程师、数据科学家等）的复杂数据处理需求，也可以支持企业营销人员进行自动化数据分析。

二、数据编织的应用

（一）更全面的顾客洞察与服务

数据编织通过整合不同平台来源及不同类型的数据，可建立详细的顾客档案，以支撑企业采取高效的顾客管理。一方面，数据编织可以借助人工智能、大数据、机器学习等技术，获取顾客在多样性业务场景中的行为数据，对其进行集成、清洗及标签化方面的处理，在专业系统上实现数据分级分类管理，从而将顾客数据转化为企业进行决策的参考信息。企业在建立顾客档案的基础上，通过知识图谱综合分析顾客需求，将企业内部资源与其多元化需求进行匹配，生产出符合顾客期望的产品并提供高质量服务，从而影响顾客购买决策。另一方面，企业通过数据编织可促进交易订单、数据运营、客户服务等方面的运行效率，借助自动化系统沉淀并整合顾客需求数据，对其需求进行分析并形成正反馈机制。这不仅可用于提升产品质量，而且可用于向顾客提供基于数据处理的数字化服务，从而借助企业数据编织能力，更加全面地满足顾客需求，并增加顾客黏性，最终提升企业顾客关系管理绩效。

（二）更丰富的营销分析与应用

数据编织能基于网络架构处理技术，帮助企业解决营销数据复杂性、异质性及分散性等难题。首先，数据编织可有效连接所有终端，通过处理传感器收集到的海量数据，为有效调动数据进行营销分析提供基础条件。其次，数据驱动的营销分析结果能提高营销部门的运行效率，使其可以更快速地响应并满足顾客的多元化需求，从而提高企业营销绩效。最后，与传统的数据仓储模式相比，数据编织运用了预先设置的组件，将沉淀的数据交至专业数据服务商进行管理，可以使营销人员的价值更多地投放至市场营销分析中，从而扩大数据编织对企业营销活动的贡献。

（三）更实时的数据协同与治理

数据编织可为营销数据治理的自动化及智能化提供解决方案，有助于增强企业的数据协同与数据治理能力。一方面，数据编织基于新兴技术可连接不同数据，通过知识图谱的统一语义层及可持续的数据分析，降低用户数据的可访问限制，并自动识别数据治理中的业务价值。另一方面，数据编织具备的跨分布式数据整合能力，能管理不同端点（如企业内部、外部和云端）的数据资产，为企业集成各类营销数据提供了有效渠道，其通过自动化系统对数据进行智能编排，可保证营销数据对不同职能部门的可用性，从而赋能营销数据的开发、运营、测试及生产发布，提升数据治理效率。

第三节　面向数字业务融合的营销组织

基于上述技术基础设施的营销业务数字化，使营销组织与其他职能部门的边界进一步模糊，对营销组织的价值基础与领导力带来了挑战。营销组织应明确其与企业增长的价值关联性，并提升其在企业组织体系中的领导力。

一、营销组织对企业增长负责

（一）以业务增长作为营销组织的目标

营销组织需将有效的业务增长量作为其发展目标。新一代信息技术的应用给企业增长既带来了新机会，也带来了新挑战。一方面，在线电子商务平台的发展使消费者的购物选择多样化、购买程序逐渐简易化；信息技术的发展也使消费者更易于被吸引和引导，并产生付费行为。另一方面，信息技术的发展也使企业可通过更多元的渠道触达顾客，加剧了市场竞争和顾客状态的易变性。这就使企业既可能获得将潜在市场需求转化为企业的实际业务增长的机会，也可能增加企业维持业务持续增长的难度。《2019 年中国首席营销官（CMO）调查白皮书》显示，市场营销的作用在不断扩大，多数营销高管已将推动业务增长视为营销部门的首要职责。

（二）转向以顾客为中心的业务增长

在数字化营销时代，营销业务增长正在从以产品销售为中心的传统型业务增长转向以顾客经营为中心的新型业务增长。这种以顾客经营为中心的增长战略主要表现在两个层面。第一，在绩效提升层面，营销组织需要将产品的核心价值传递给顾客，以顾客体验为中心，激活顾客购买，提升产品的成交率。具体而言，营销人员需从一个核心价值点开始培养忠诚的用户群，然后通过优化用户体验，不断培养更多的核心用户群，提高成交率，同时在此过程中对产品进行及时改进，减少效率低且无效的营销活动，从而对用户进行精准营销及服务。第二，在战略思维层面，营销战略规划及具体营销活动的执行需要由"漏斗思维"向"增长思维"转变，即从聚焦与顾客当前的交易转向着眼于顾客全面价值的挖掘。

（三）升级营销高管人员

新一代信息技术的应用对营销高管的能力提出了新要求。营销高管是指在高管团队中负责营销相关活动的管理者，如首席营销官（Chief Marketing Officers，CMO）。Forrester 公司的一项研究报告认为，首席营销官可能会被首席增长官取代，营销高管的职能正在转向企业增长和以顾客为中心的经营模式。企业需升级营销高管人员在数字时代的营销专业知识水平以及运用数字技术服务营销战略的能力。

营销专业知识不仅体现在营销高管所具有的专业的营销知识背景（即高管的学历、专业等），还体现在营销高管所掌握的营销知识架构及其营销实践经验。Whitler 等（2018）指出，营销高管的专业知识及技能水平越高，越有利于发挥营销高管对企业绩效的正向促进效应。Comstock 和 Gulati（2010）提出营销高管的专业技能包括识别外部发展趋势及潜在机会；收集并管理知识与数据；分析市场、竞争对手与客户；推荐企业战略方向。此外，营销高管所具备的营销战略调整的经历以及促进企业增长的实际经验，也可能会对企业增长产生促进作用。

营销高管人员应积极面对与适应数字技术在营销中的应用。顾客流量成本的价格上升以及渠道获取的难度加大会导致企业获客成本的上升；因此如何获取大量顾客并有效地提升顾客转化率是营销高管需要解决的关键问题。然而，营销高管可能缺乏解决上述问题的有效数据及技术能力，因此，在营销数字化转型的背景下，营销高管应提升技术适应及应用能力，或者在企业高管团队专门设置首席营销技术官（Chief Marketing Technologist），从而利用新一代信息技术来识别市场机会，并在合同谈判和日常运营中灵活处理代理与服务提供商的关系（Brinker 和 Mclellan，2014）。

二、提升营销组织的数字领导力

（一）数字化建议能力

营销组织的数字领导力，首先体现为其对企业数字化规划与建设的建议能力。数字化建议能力源自营销组织对数字技术的深度应用。随着营销科技在营销业务中应用面的不断扩大，营销组织比以往任何阶段都更依赖新一代信息技术的运用。通过运用营销技术进行数据分析，营销高管可以将营销愿景与技术深度结合，获取竞争对手难以模仿的"信息优势"，从而指导企业营销活动的各个环节。Gartner公司发现超过70%的大型高科技企业中的营销高管都精通技术，这可对企业营销能力、顾客体验、组织有效性、竞争地位及技术协同产生促进作用（Brinker，2010）。

营销管理者应结合自身专业知识和经验优势，尝试采用技术视角重新审视营销活动的执行，提供企业的数字化规划与建设的建议，以充分发挥营销组织在企业数字化中的独特市场价值。营销管理者需要熟悉的常见专业技术包括数据与分析（进行数字营销测量和管理）、营销应用（配置操作和整合营销软件）、广告网络（管理和优化数字广告生态系统）、社交与移动平台（使用社交媒体及电商平台）、内容营销（管理内容营销的整个生命周期）、网络运营（理解网络和浏览器平台的运行机理）、软件编程（学会通用的技术语言）、IT运营（独立运用云计算和IT部门保持密切联系）等（Brinker，2011）。

（二）数字化决策能力

营销组织的数字领导力还体现在营销组织依靠数据进行决策的能力。这种数字化决策能力源自大量数据在营销分析与决策中的应用。大数据技术可自动记录顾客在消费过程中所生成的各类数据，这些数据能够反映不同消费者需求的特征及其动态变化（Erevelles 等，2015）。数据资源的可获得性和高商业价值，为数据驱动的营销决策提供了支持，从而提高企业对市场趋势判断的准确性。同时，营销活动的复杂性及数据规模的激增，使营销决策需要借助数据分析才能完成。这要求营销管理者通过数据资源获取较全面的市场信息，以提高营销决策的有效性。

《福布斯》杂志的一项研究显示，66%的营销管理者通过数据分析精准获取顾客，而且数据驱动的营销可以提高潜在客户的转化率。具体而言，营销管理者可以通过设定业务目标、收集数据、整合数据、建立内部数据分析团队、科学分析及应用数据等步骤，实施数据驱动的营销策略。这些营销策略能够帮助企业了解目标顾客，并通过高效的推广渠道及个性化推荐，与潜在顾客建立稳定的关系。

（三）跨边界数字协同能力

营销组织的数字领导力也体现在其跨越部门边界或企业边界进行数字业务协同的能力。由于营销部门很难拥有开展数字化营销的全部资源，因此，需要与其他职能部门及组织进行合作并实现资源交换。这种数字化协同能力表现为营销组织根据数字营销活动所需的资源，选择有竞争优势的企业内外部营销合作伙伴，制定相应的合作规则，确定共同成长的合作关系，为数字营销活动提供资源和能力保障。在数字业务协同的过程中，营销组织应依靠其在业务流程、市场信息、产品信息、用户行为等方面的知识优势，充分发挥"协同者"的作用，以展示其在数字业务设计与市场开发方面的专业领导力。

（四）数字化绩效评估能力

对营销绩效进行数字化评估也是营销组织数字领导力的重要维度。数字化的营销绩效评估能较为客观地反映营销活动的实际效果，并对后续营销活动的调整提供参考。一套实时、动态、可视化的营销绩效数字化评估系统可有效地向企业高层展示当前的营销工作进度、业绩、营销投入的回报率以及营销工作对于企业目标的贡献度。

构建数字化营销绩效评估系统，首先，应精选可量化的业绩考核指标，以准确监控营销活动的效果与预期目标之间的差距，衡量产品创新及市场推广等具体方案的有效性。其次，该系统应建立可靠且具有共识性的绩效归因规则，以客观衡量各营销岗位和人员的业绩贡献度，激励员工的工作积极性和创造性。最后，该系统应采用实时更新以及可视化的方式展现绩效的动态变化。

附　录

附录A　新一代信息技术影响营销战略的研究视角

研究视角	代表性研究	研究重点
技术应用视角	汪鸿昌等（2013）	介绍了云计算的技术特征、服务及使用模式、潜在商业价值、管理收益与风险、经济收益与风险等问题
	Ng 和 Wakenshaw（2017）	分析了物联网技术在信息系统、设计与创新、数据科学、网络安全及企业组织等方面的应用启示
	Hawlitschek 等（2018）	构建了基于区块链技术在共享经济中的信任机制及各主体间安全交易的解决方案
	陈娟等（2019）	总结了虚拟现实技术在营销调研、产品开发、广告营销及店铺零售等环节中的价值实现手段

续表

研究视角	代表性研究	研究重点
技术应用视角	Davenport 等（2020）	阐述了人工智能的分析类型、智能化程度及智能机器人嵌入等技术要素在营销战略及消费者行为领域中的应用场景
	Hoyer 等（2020）	总结了物联网、增强现实、虚拟助手及智能机器人对顾客认知体验、情感体验和社交体验的差异化影响
	Tong 等（2020）	构建了移动通信技术与移动产品、移动价格、移动促销、移动渠道及移动预测之间的个性化营销整合框架
	Graesch 等（2021）	归纳了数字化营销工具的类型（自动化、数据、顾客互动及连接）及其实践案例
	Kumar 等（2021）	对比了物联网、人工智能、机器学习及区块链技术对企业及顾客产生的积极影响
作用机制视角	Kannan 和 Li（2017）	针对营销战略领域，构建了数字技术对环境、企业、绩效、营销理论及营销战略的影响框架
	陈冬梅等（2020）	基于战略管理视角，探讨了企业的存在原因、竞争优势、内部组织及企业边界等议题在数字化背景下的机遇与挑战
	张雁冰等（2019）	分析了人工智能与人类在外形表现、交互方式、智慧及情感方面的相似性特征对顾客感知及顾客行为的作用机制
	陈国青等（2020）	阐述了大数据环境决策范式下，企业行为洞察、风险预见及模式创新等价值创造环节的优化路径
	林子筠等（2021）	梳理了人工智能在营销领域中的主要研究主题（服务交互、产品设计、争议性问题及数据分析）及相关理论基础
	康俊	基于营销战略视角，从营销外部环境、能力及组织架构变革方面，系统分析新一代信息技术对营销战略变革所产生的具体影响

资料来源：康俊，刁子鹤，杨智，等．新一代信息技术对营销战略的影响：述评与展望［J］．经济管理，2021（12）：187-202.

附录 B　新一代信息技术对营销战略的影响

影响维度	具体表现	代表性研究
营销外部环境变革	技术动荡	
	营销的技术基础正在重构	Gaur 和 Gaiha（2020）；Kaartemo 和 Nyström（2021）
	营销决策过程更强调数据化	Erevelles 等（2015）；Paschen 等（2019）
	营销业务数字化转型加速	Kalaignanam 等（2021）；Wedel 和 Kannan（2016）
	市场动荡	
	消费者对多元化和个性化体验的需求增强	Huang 和 Rust（2018）；Puntoni 等（2021）；吕巍 等（2020）
	消费者对全消费旅程的服务期望提高	Grewal 等（2020）；Li 等（2020）；Vieira 等（2019）；Wedel 等（2020）
	消费者对负面体验的担忧加剧	De Bruyn 等（2020）；张雁冰等（2019）
	竞争强度	
	竞争焦点转向产品创新和营销生态系统	Kopalle 等（2020）；Porter 和 Heppelmann（2014）
	市场竞争格局逐步重塑	Cennamo 等（2020）
营销能力变革	市场感知能力多样化	Gupta 等（2020）
	顾客连接能力精准化	Kumar 等（2019）；Luo 等（2019）
	品牌资产管理能力多元化	Herhausen 等（2019）；Swaminathan 等（2020）
	营销计划与执行能力敏捷化	Ma 和 Sun（2020）；陈国青等（2018）
	营销组合运用能力数字化	Cui 等（2021）；Tong 等（2020）；Vakratsas 和 Wang（2021）

续表

影响维度	具体表现	代表性研究
	组织内部结构	
	营销部门的职能边界模糊化	Kretschmer 和 Khashabi(2020)；李平等(2019)
	营销数据管理职能的再定位	Porter 和 Heppelmann（2015）
营销组织架构变革	营销绩效度量	
	量化指标精准度量	Berger 等（2020）
	实时反映绩效动态	Zhang 等（2020）
	控制和激励机制	
	员工控制及激励方式的数字化	Braganza 等（2021）；Luo 等（2021）
	对数据使用的控制和激励成为新任务	Aiello 等（2020）；Martin 等（2020）

资料来源：康俊，刁子鹤，杨智，等．新一代信息技术对营销战略的影响：述评与展望 [J]．经济管理，2021（12）：187-202．

附录 C 营销生态系统及相关概念的研究

研究视角	研究	生态系统类型	方法与情境	主要相关研究结论
环境分析视角	Roundy 和 Fayard（2020）	□	理论分析 ----	创业生态系统通过增强认知、社会及文化协同，可降低搜索、谈判及执行成本，从而提高生态系统中参与者的创业能力
	Sklyar 等（2019）	☆	案例研究设备制造与服务商	组织变革要素（嵌入性、中心化、整合度）在提升企业数字化服务能力的过程中发挥了重要作用

研究视角	研究	生态系统类型	方法与情境	主要相关研究结论
环境分析视角	Su 等（2018）	□	案例研究浙大网新	创新平台、创意平台、创业平台、投融资平台及治理机制之间的相互协作可实现创新生态系统的价值共创
	Zhang 和 Watson IV（2020）	▲	理论分析-----	企业构建营销生态系统并与各方行动者协同合作，通过由外向内的发展能力，可精准满足顾客需求，提高企业的适配性和竞争力
	蔡莉等（2016）	□	理论分析-----	创业生态系统具有多样性、网络性、共生性、竞争性、自我维持性和区域性等特征；且受政策拉动、市场推动及核心企业的综合影响
	葛安茹和唐方成（2019）	■	案例研究盛大网络	创新不连续性主要通过匹配效应（发生于生态系统内部）和合法性（发生于生态系统外部）作用于生态系统的构建过程
	黄海霞和陈劲（2016）	■	案例研究谷歌、阿里巴巴、浙大网新	创新主体需要借助其他参与者和整个协同创新网络的资源整合，以实现价值最大化
	简兆权等（2016）	☆	理论分析-----	生态系统中的制度、社会规范、价值主张和情境价值因素，共同促进了价值共创与服务创新
	蒋石梅等（2018）	■	案例研究海尔集团	市场、战略、组织、制度和文化是影响企业产品创新生态系统运营的五大非技术要素
	李广乾和陶涛（2018）	★	案例研究考拉先生	平台的第四方法人（大型平台）和第四方治理（大型平台的独有公权力）为平台生态系统治理提供了新思路
	沙德春和孙佳星（2020）	□	分析论述政策文件	金融、市场、文化、人力资本和支撑系统共同构成了创业生态系统的环境要素

续表

研究视角	研究	生态系统类型	方法与情境	主要相关研究结论
战略分析视角	Carida 等（2019）	☆	案例研究 零售行业	资源整合是促进服务生态系统价值创造的基本要素，包括资源匹配、资源配置及资源评价三个阶段
	Cennamo 和 Santaló（2019）	★	二手数据分析 电子游戏行业	平台生态系统的资源整合及互补创新能力虽然可以通过声誉溢出效应增强用户满意度，但也会通过"搭便车"效应，抑制生态系统的价值创造
	Fang 等（2015）	★	二手数据分析 软件平台	平台生态系统可通过多种渠道（赞助、社会学习、知识交换、社会协作）使平台信息在互补者之间实现采用与扩散
	Hannah 和 Eisenhardt （2019）	■	理论分析 太阳能产业	生态系统的瓶颈战略（合作与竞争平衡）、组件战略（以合作为主）和系统战略（以竞争为主）均可促进企业发展
	Homburg 等 （2020）	▲	二手数据分析 上市企业	营销生态系统作为一种优先战略在卓越营销中发挥重要作用，其分为知识转移、产品、自有平台和开源平台四类营销生态系统
	Tan 等（2015）	★	案例研究 阿里巴巴	啮合、授权、封装及倾斜策略在多边平台生态系统构建的不同阶段发挥了差异化作用
	Vargo 和 Lusch （2016）	☆	理论分析 ————	制度安排、服务生态系统、参与者、资源整合及服务交换共同作用于服务主导逻辑下的价值创造
	Wei 等（2020）	★	案例研究 制造业企业	合作伙伴选择是决定平台创新生态系统成功与否的关键要素，其包括合作关系资源库构建和匹配合作伙伴两个阶段
	葛安茹和 唐方成（2021）	★	案例研究 美团	平台包络战略是生态系统构建竞争优势的重要路径；该战略以用户需求为基础，利用横向和纵向包络获取互补性资源，以实现全系统协同

研究视角	研究	生态系统类型	方法与情境	主要相关研究结论
战略分析视角	王伟楠等（2020）	★	案例研究 飞友科技	以数据资源为基础的平台开放度演进，是促进平台型企业利用动态能力实现价值创造及平台型商业生态系统演化的重要基础
	谢智敏等（2020）	□	定性比较分析 独角兽企业所在城市	"智力—资金—政府驱动型"、"资金—网络驱动型"和"网络—政府驱动型"是实现高质量创业的三条重要路径
	郑帅和王海军（2021）	■	案例研究 海尔集团	企业产品创新生态系统具有创新架构模块化、交互界面开放性和网络治理嵌入性等特征，其创新实现机制主要为杠杆、协同和互利机制
	钟琦等（2021）	★	理论分析 ————	平台开放性、互补企业特征、用户网络及参与行为是影响平台生态系统价值共创的关键因素；主体间互动、资源整合和平台企业动态能力是平台生态系统价值共创的过程机制
角色分析视角	Buhalis等（2020）	☆	理论分析 共享经济	生态系统中各利益相关者（如买方、卖方、竞争者）的收益、观念和行为是影响价值创造的重要因素
	Cenamor和Frishamma（2021）	★	二手数据分析 视频游戏市场	平台所有者参与互补品开发及推广（自主创新策略和开放创新策略）比第三方策略更能提高互补品绩效
	Frels等（2003）	■	调查数据分析 信息技术产品	买方顾客网络强度、卖方顾客网络强度和互补品网络强度可为产品带来附加值，并强化买方顾客对产品的资源分配
	Kalaignanam等（2021）	▲	理论分析 ————	营销生态系统中各利益相关者之间的依赖性可能会抑制敏捷营销的实施效果
	Nambisan和Baron（2021）	★	调查数据分析 软件行业	数字平台生态系统中参与者角色间冲突会增加其压力，从而降低创业绩效；但平台生态系统的开放性可以削弱其负面影响

续表

研究视角	研究	生态系统类型	方法与情境	主要相关研究结论
角色分析视角	Pervin 等（2019）	★	二手数据分析苹果和谷歌软件应用平台	软件应用开发者响应市场变化的行为（如促销、应用更新）可能会产生负面影响，从而掉入平台生态系统的陷阱
	Pierce（2009）	▲	二手数据分析汽车租赁	核心企业的动态产品设计和利基市场进入会引发生态系统动荡，从而导致单个企业退出并造成财务损失
	Taillard 和 Kastanakis（2015）	▲	案例研究在线平台企业	创意营销生态系统由微观系统、中观系统和宏观系统构成；中观系统可调节微观系统和宏观系统之间的交互作用，并影响创意绩效
	Tang 和 Qian（2020）	★	分析式建模----	通用型互补者（相比于专家型互补者）与平台企业之间的协同创新绩效更明显；互补者之间的依赖关系可调节其交互作用
	李志刚等（2020）	□	案例研究蒙牛及其裂变企业	裂变企业可通过价值失衡情境、识别瓶颈机会、催生离职动机、补缺价值结构、丰富价值结构、维系价值主张、内部及外部合法性获取等机制重塑商业生态系统
	王发明和张赞（2021）	□	调查数据分析平台型企业	强有力的创新生态系统主导企业、系统内伙伴企业密度、企业本地化以及企业异质性正向影响创新生态系统的稳定性

注："★"表示平台生态系统；"☆"表示服务生态系统；"■"表示产品生态系统；"□"表示创业生态系统；"▲"表示营销生态系统；"----"表示该研究无具体的研究情境。

资料来源：笔者根据相关文献整理。

附录D　部分国家和地区对数据
合规使用的立法倾向

数据处理阶段	立法倾向	国内法律政策举例	国外法律政策举例
数据收集	加大对个人信息的保护力度，强化个人信息主体的各项权利，强调各类信息收集需经用户同意	《消费者权益保护法》《民法典》《移动互联网应用程序信息服务管理规定》	欧盟《通用数据保护条例》加拿大《数字宪章实施法案》美国《统一个人数据保护法》
	明确并细化用户各类信息的收集场景、收集范围及收集形式	《个人信息保护法》《信息安全技术—个人信息安全规范》《常见类型移动互联网应用程序必要个人信息范围规定》	日本《个人信息保护法》
数据应用	加强对算法的安全规范治理，鼓励算法创新发展	《互联网平台落实主体责任指南（征求意见稿）》《关于加强互联网信息服务算法综合治理的指导意见》	欧盟《数字服务法案》美国《算法问责法（草案）》
	明确了各数据参与主体对用户信息的使用及共享规范	《个人信息保护法》《信息安全技术—个人信息安全规范》《App违法违规收集使用个人信息行为认定方法》	加拿大《个人信息保护和电子文件法》新加坡《个人数据保护法》

数据处理阶段	立法倾向	国内法律政策举例	国外法律政策举例
数据应用	强调把控个人信息使用过程中的质量管理与隐私问题	《数据安全法》 《互联网平台落实主体责任指南（征求意见稿）》 《民法典》	美国《加利福尼亚州消费者隐私法案》 美国《弗吉尼亚州消费者数据保护法》 德国《数据保护法》
数据流通	用户对个人信息具有可携带权	《个人信息保护法》	英国《新的数据保护法案》 澳大利亚《消费者数据权利法案》
	规范数据交易行为，培育数据交易市场，鼓励数据要素安全有序流通与价值创造	《关于构建更加完善的要素市场化配置体制机制的意见》 《关于运用大数据加强对市场主体服务和监管的若干意见》 《电子商务法》	欧盟《数字服务法案》 欧盟《数字市场法案》 英国《新的数据保护法案》
	构建并规范第三方机构综合管理数据的业务模式	《数据安全法》	澳大利亚《数据可用性和透明度法案》 欧盟《数据治理法》

资料来源：笔者自行整理。

参考文献

［1］Acosta D. , Bona C. , Robinson M. , et al. Making the US Marketing Ecosystem Work for You ［EB/OL］. 2020-05. https：//www. bcg. com/publications/2020/leveraging-united-states-marketing-ecosystem.

［2］Aiello G. , Donvito R. , Acuti D. , et al. Customers' Willingness to Disclose Personal Information throughout the Customer Purchase Journey in Retailing：The Role of Perceived Warmth ［J］. Journal of Retailing, 2020, 96 (4)：490-506.

［3］Armstrong M. Competition in Two-sided Markets ［J］. The RAND Journal of Economics, 2006, 37 (3)：668-691.

［4］Arthur K. N. A. , Owen R. A Micro-ethnographic Study of Big Data-based Innovation in the Financial Services Sector：Governance, Ethics and Organisational Practices ［J］. Journal of Business Ethics, 2019, 160 (2)：363-375.

［5］Asare A. K. , Brashear-Alejandro T. G. , Kang J. B2B Technology Adoption in Customer Driven Supply Chains ［J］. Journal of Business & Industrial Marketing, 2016, 31 (1)：1-12.

［6］Baek T. H. , Morimoto M. Stay away from Me ［J］. Journal of Advertising, 2012, 41 (1)：59-76.

［7］ Bansal G. , Zahedi F. M. , Gefen D. Do Context and Personality Matter? Trust and Privacy Concerns in Disclosing Private Information Online ［J］. Information & Management, 2016, 53 (1): 1-21.

［8］ Bansal G. , Zahedi F. M. , Gefen D. The Impact of Personal Dispositions on Information Sensitivity, Privacy Concern and Trust in Disclosing Health Information Online ［J］. Decision Support Systems, 2010, 49 (2): 138-150.

［9］ Bapna R. , Goes P. , Gupta A. Analysis and Design of Business-to-consumer Online Auctions ［J］. Management Science, 2003, 49 (1): 85-101.

［10］ Barua A. , Mukherjee R. Multi-homing Revisited: Level of Adoption and Competitive Strategies ［J］. MIS Quarterly, 2021, 45 (2): 897-924.

［11］ Baruh L. , Secinti E. , Cemalcilar Z. Online Privacy Concerns and Privacy Management: A Meta-analytical Review ［J］. Journal of Communication, 2017, 67 (1): 26-53.

［12］ Bata H. , Pentina I. , Tarafdar M. , et al. Mobile Social Networking and Salesperson Maladaptive Dependence Behaviors ［J］. Computers in Human Behavior, 2018 (81): 235-249.

［13］ Baum J. A. C. , Korn H. J. . Dynamics of Dyadic Competitive Interaction ［J］. Strategic Management Journal, 1999, 20 (3): 251-278.

［14］ Bei Z. For Better or for Worse: The Halo Effects of Online Marketplaces on Entrenched Brick-and-mortar Stores ［EB/OL］. Carolina Digital Repository, 2019-07-24. https://cdr. lib. unc. edu/concern/dissertations/00000422v.

［15］ Belleflamme P. , Peitz M. Platform Competition and Seller Investment Incentives ［J］. European Economic Review, 2010, 54 (8): 1059-

1076.

[16] Bellman S. , Johnson E. J. , Kobrin S. J. , et al. International Differences in Information Privacy Concerns: A Global Survey of Consumers [J]. The Information Society, 2004, 20 (5): 313-324.

[17] Berger J. Word of Mouth and Interpersonal Communication: A Review and Directions for Future Research [J]. Journal of Consumer Psychology, 2014, 24 (4): 586-607.

[18] Berger J. , Humphreys A. , Ludwig S. , et al. Uniting the Tribes: Using Text for Marketing Insight [J]. Journal of Marketing, 2020, 84 (1): 1-25.

[19] Berger J. , Milkman K. L. . What Makes Online Content Viral? [J]. Journal of Marketing Research, 2012, 49 (2): 192-205.

[20] Besen S. M. , Farrell J. Choosing How to Compete: Strategies and Tactics in Standardization [J]. Journal of Economic Perspectives, 1994, 8 (2): 117-131.

[21] Bharadwaj A. , O. A. El Sawy, P. A. Pavlou, et al. Visions and Voices on Emerging Challenges in Digital Business Strategy [J]. MIS Quarterly, 2013, 37 (2): 633-634.

[22] Bitran G. , S. Mondschein. A Comparative Analysis of Decision Making Procedures in the Catalog Sales Industry [J]. European Management Journal, 1997, 15 (2): 105-116.

[23] Björkdahl J. Strategies for Digitalization in Manufacturing Firms [J]. California Management Review, 2020, 62 (4): 17-36.

[24] Bleier A. , C. M. Harmeling, R. W. Palmatier. Creating Effective

Online Customer Experiences [J]. Journal of Marketing, 2019, 83 (2): 98-119.

[25] Bloom P. N., G. R. Milne, R. Adler. Avoiding Misuse of New Information Technologies: Legal and Societal Considerations [J]. Journal of Marketing, 1994, 58 (1): 98-110.

[26] Boudreau K. J., L. B. Jeppesen. Unpaid Crowd Complementors: The Platform Network Effect Mirage [J]. Strategic Management Journal, 2015, 36 (12): 1761-1777.

[27] Braganza A., W. Chen, A. Canhoto, et al. Productive Employment and Decent Work: The Impact of AI Adoption on Psychological Contracts, Job Engagement and Employee Trust [J]. Journal of Business Research, 2021 (131): 485-494.

[28] Brinker S., L. Mclellan. The Rise of the Chief Marketing Technologist [J]. Harvard Business Review, 2014, 92 (4): 82-85.

[29] Brinker S. Eight Things Every Marketing Technologist Should Know [EB/OL]. 2011-01. https://chiefmartec. com/2011/01/8-things-every-marketing-technologist-should-know/.

[30] Brinker S. Marketing Technology Landscape Supergraphic (2020): Martech 5000 — Really 8000, But Who's Counting? [EB/OL]. 2020-04. https://chiefmartec. com/2020/04/marketing-technology-landscape-2020-martech-5000/.

[31] Brinker S. Rise of the Marketing Technologist [EB/OL]. 2010-04. https://chiefmartec. com/2010/04/rise-of-the-marketing-technologist/.

[32] Brock J. K. U., F. von Wangenheim. Demystifying AI: What Digital

Transformation Leaders Can Teach You about Realistic Artificial Intelligence [J]. California Management Review, 2019, 61 (4): 110-134.

[33] Buhalis D., L. Andreu, J. Gnoth. The Dark Side of the Sharing Economy: Balancing Value Co-creation and Value Co-destruction [J]. Psychology & Marketing, 2020, 37 (5): 689-704.

[34] Caillaud B., B. Jullien. Chicken and Egg: Competition among Intermediation Service Providers [J]. The RAND Journal of Economics, 2003, 34 (2): 309-328.

[35] Caldieraro F., J. Z. Zhang, M. Cunha Jr, et al. Strategic Information Transmission in Peer-to-peer Lending Markets [J]. Journal of Marketing, 2018, 82 (2): 42-63.

[36] Campbell J. E., M. Carlson. Panopticon. com: Online Surveillance and the Commodification of Privacy [J]. Journal of Broadcasting & Electronic Media, 2002, 46 (4): 586-606.

[37] Carida A., B. Edvardsson, M. Colurcio. Conceptualizing Resource Integration as an Embedded Process: Matching, Resourcing and Valuing [J]. Marketing Theory, 2019, 19 (1): 65-84.

[38] Carlson J. R., S. Hanson, J. Pancras, et al. Social Media Advertising: How Online Motivations and Congruency Influence Perceptions of Trust [J]. Journal of Consumer Behaviour, 2022, 21 (2): 197-213.

[39] Castelo N., M. W. Bos, D. R. Lehmann. Task-dependent Algorithm Aversion [J]. Journal of Marketing Research, 2019, 56 (5): 809-825.

[40] Cenamor J., J. Frishammar. Openness in Platform Ecosystems: Innovation Strategies for Complementary Products [J]. Research Policy, 2021, 50

（1）: 1-15.

［41］ Cennamo C. , J. Santalo. Platform Competition: Strategic Trade-offs in Platform Markets ［J］. Strategic Management Journal, 2013, 34 (11): 1331-1350.

［42］ Cennamo C. , J. Santaló. Generativity Tension and Value Creation in Platform Ecosystems ［J］. Organization Science, 2019, 30 (3): 617-641.

［43］ Cennamo C. Building the Value of Next-generation Platforms: The Paradox of Diminishing Returns ［J］. Journal of Management, 2018, 44 (8): 3038-3069.

［44］ Cennamo C. , G. B. Dagnino, A. Di Minin, et al. Managing Digital Transformation: Scope of Transformation and Modalities of Value Co-generation and Delivery ［J］. California Management Review, 2020, 62 (4): 5-16.

［45］ Cespedes F. V. , H. J. Smith. Database Marketing: New Rules for Policy and Practice ［J］. Sloan Management Review, 1993, 34 (4): 7-22.

［46］ Chakravarty A. , A. Kumar, R. Grewal. Customer Orientation Structure for Internet-based Business-to-business Platform Firms ［J］. Journal of Marketing, 2014, 78 (5): 1-23.

［47］ Chellappa R. K. , R. G. Sin. Personalization versus Privacy: An Empirical Examination of the Online Consumer's Dilemma ［J］. Information Technology and Management, 2005, 6 (2-3): 181-202.

［48］ Chen Y. , J. Xie. Cross-market Network Effect with Asymmetric Customer Loyalty: Implications for Competitive Advantage ［J］. Marketing Science, 2007, 26 (1): 52-66.

［49］ Chen J. , J. Chen, K. Y. Goh, et al. When Do Sellers Bifurcate from Electronic Multisided Platforms? The Effects of Customer Demand, Competitive Intensity, and Service Differentiation [J]. Information and Management, 2014, 51 (8): 972-983.

[50] Chen S., J. Kang, S. Liu, et al. Cognitive Computing on Unstructured Data for Customer Co-innovation [J]. European Journal of Marketing, 2020, 54 (3): 570-593.

[51] Chen X., J. Sun, H. Liu. Balancing Web Personalization and Consumer Privacy Concerns: Mechanisms of Consumer Trust and Reactance [J/OL]. Journal of Consumer Behaviour, 2021. https://doi.org/10.1002/cb.1947.

[52] Choi H., C. F. Mela. Monetizing Online Marketplaces [J]. Marketing Science, 2019, 38 (6): 948-972.

[53] Chu J., P. Manchanda. Quantifying Cross and Direct Network Effects in Online Consumer-to-consumer Platforms [J]. Marketing Science, 2016, 35 (6): 870-893.

[54] Ciborra C. U. The Platform Organization: Recombining Strategies, Structures, and Surprises [J]. Organization Science, 1996, 7 (2): 103-118.

[55] Comstock B., R. Gulati, S. Liguor. Unleashing the Power of Marketing [J]. Harvard Business Review, 2010, 88 (10): 90-98.

[56] Cui T. H., A. Ghose, H. Halaburda, et al. Informational Challenges in Omnichannel Marketing: Remedies and Future Research [J]. Journal of Marketing, 2021, 85 (2): 103-120.

[57] Culnan M. J. "How Did They Get My Name?" An Exploratory Investigation of Consumer Attitudes toward Secondary Information Use [J]. MIS Quarterly, 1993, 17 (3): 341-363.

[58] Davenport T. H. , A. Guha, D. Grewal, et al. How Artificial Intelligence Will Change the Future of Marketing [J]. Journal of the Academy of Marketing Science, 2020, 48 (1): 24-42.

[59] Day G. Closing the Marketing Capabilities Gap [J]. Journal of Marketing, 2011, 75 (4): 183-195.

[60] Day G. S. Aligning the Organization with the Market [J]. MIT Sloan Management Review, 2006, 48 (1): 41-49.

[61] Day G. S. An Outside - in Approach to Resource - based Theories [J]. Journal of the Academy of Marketing Science, 2014, 42 (1): 27-28.

[62] De Bruyn A. , V. Viswanathan, Y. S. Beh, et al. Artificial Intelligence and Marketing: Pitfalls and Opportunities [J]. Journal of Interactive Marketing, 2020 (51): 91-105.

[63] DiMaggio P. J. , W. W. Powell. The Iron Cage Revisited: Institutional Isomorphism and Collective Rationality in Organizational Fields [J]. American Sociological Review, 1983, 48 (2): 147-160.

[64] Dinev T. , P. Hart. An Extended Privacy Calculus Model for E - commerce Transactions [J]. Information Systems Research, 2006, 17 (1): 61-80.

[65] Dinev T. , P. Hart. Internet Privacy Concerns and Their Antecedents-measurement Validity and a Regression Model [J]. Behaviour & Information Technology, 2004, 23 (6): 413-422.

[66] Dwyer F. R. , P. H. Schurr, S. Oh. Developing Buyer-seller Relationships [J]. Journal of Marketing, 1987, 51 (2): 11-27.

[67] Dyer J. H. , H. Singh. The Relational View: Cooperative Strategy

and Sources of Interorganizational Competitive Advantage [J]. Academy of Management Review, 1998, 23 (4): 660-679.

[68] Eckhardt G. M. , M. B. Houston, B. Jiang, et al. Marketing in the Sharing Economy [J]. Journal of Marketing, 2019, 83 (5): 5-27.

[69] Eisenmann T. , G. Parker, M. W. Van Alstyne. Platform Envelopment [J]. Strategic Management Journal, 2011, 32 (12): 1270-1285.

[70] Eisenmann T. , G. Parker, M. W. Van Alstyne. Strategies for Two-sided Markets [J]. Harvard Business Review, 2006, 84 (10): 92-101.

[71] Ellison G. , E. L. Glaeser, W. R. Kerr. What Causes Industry Agglomeration? Evidence from Coagglomeration Patterns [J]. American Economic Review, 2010, 100 (3): 1195-1213.

[72] Elvy S. A. Paying for Privacy and the Personal Data Economy [J]. Columbia Law Review, 2017, 117 (6): 1369-1460.

[73] Erevelles S. , N. Fukawa, L. Swayne. Big Data Consumer Analytics and the Transformation of Marketing [J]. Journal of Business Research, 2016, 69 (2): 897-904.

[74] Evans D. S. , R. Schmalensee. The Oxford Handbook of International Antitrust Economics [M]. New York: Oxford University Press, 2015.

[75] Evans D. S. Some Empirical Aspects of Multi-sided Platform Industries [J]. Review of Network Economics, 2003, 2 (3): 191-209.

[76] Fan Y. , J. Ju, M. Xiao. Reputation Premium and Reputation Management: Evidence from the Largest E-commerce Platform in China [J]. International Journal of Industrial Organization, 2016, 46 (1): 63-76.

[77] Fang E. , X. Li, M. Huang, et al. Direct and Indirect Effects of

Buyers and Sellers on Search Advertising Revenues in Business－to－business Electronic Platforms [J]. Journal of Marketing Research, 2015, 52 (3): 407-422.

[78] Fang T. P. , A. Wu, D. R. Clough. Platform Diffusion at Temporary Gatherings: Social Coordination and Ecosystem Emergence [J]. Strategic Management Journal, 2021, 42 (2): 233-272.

[79] Fehrer J. A. , H. Woratschek, R. J. Brodie. A Systemic Logic for Platform Business Models [J]. Journal of Service Management, 2018, 29 (4): 546-568.

[80] Fernandes T. , E. Oliveira. Understanding Consumers' Acceptance of Automated Technologies in Service Encounters: Drivers of Digital Voice Assistants Adoption [J]. Journal of Business Research, 2021 (122): 180-191.

[81] Fong N. M. , Z. Fang, X. Luo. Geo-conquesting: Competitive Locational Targeting of Mobile Promotions [J]. Journal of Marketing Research, 2015, 52 (5): 726-735.

[82] Foxman E. R. , P. Kilcoyne. Information Technology, Marketing Practice, and Consumer Privacy: Ethical Issues [J]. Journal of Public Policy & Marketing, 1993, 12 (1): 106-119.

[83] Frels J. K. , T. Shervani, R. K. Srivastava. The Integrated Networks Model: Explaining Resource Allocations in Network Markets [J]. Journal of Marketing, 2003, 67 (1): 29-45.

[84] Fuller J. , K. Matzler, M. Hoppe. Brand Community Members as a Source of Innovation [J]. The Journal of Product Innovation Management, 2008, 25 (6): 608-619.

[85] Fuller J. , M. G. Jacobides, M. Reeves. The Myths and Realities of Business Ecosystems [J]. MIT Sloan Management Review, 2019, 60 (3): 1-9.

[86] Gal-Or E. , R. Gal-Or, N. Penmetsa. The Role of User Privacy Concerns in Shaping Competition among Platforms [J]. Information Systems Research, 2018, 29 (3): 698-722.

[87] Gaur V. , A. Gaiha. Building a Transparent Supply Chain [J]. Harvard Business Review, 2020, 98 (3): 94-103.

[88] Gazé P. , A. G. Vaubourg. Electronic Platforms and Two-sided Markets: A Side-switching Analysis [J]. Journal of High Technology Management Research, 2011, 22 (2): 158-165.

[89] Gelbrich K. , J. Hagel, C. Orsingher. Emotional Support from a Digital Assistant in Technology-mediated Services: Effects on Customer Satisfaction and Behavioral Persistence [J]. International Journal of Research in Marketing, 2021, 38 (1): 176-193.

[90] Ghosh A. H. M. Competitor Collaboration and Product Distinctiveness [J]. International Journal of Industrial Organization, 2012, 30 (2): 137-152.

[91] Gielens K. , J. B. E. M. Steenkamp. Branding in the Era of Digital (Dis) Intermediation [J]. International Journal of Research in Marketing, 2019, 36 (3): 367-384.

[92] Goldfarb A. , C. Tucker. Shifts in Privacy Concerns [J]. American Economic Review, 2012, 102 (3): 349-353.

[93] Graesch J. P. , S. Hensel-Börner, J. Henseler. Information Tech-

nology and Marketing: An Important Partnership for Decades [J]. Industrial Management & Data, 2021, 121 (1): 123-157.

[94] Grewal D. , M. Kroschke, M. Mende, et al. Frontline Cyborgs at Your Service: How Human Enhancement Technologies Affect Customer Experiences in Retail, Sales, and Service Settings [J]. Journal of Interactive Marketing, 2020 (51): 9-25.

[95] Grewal D. , S. M. Noble, A. L. Roggeveen, et al. The Future of In-store Technology [J]. Journal of the Academy of Marketing Science, 2020, 48 (1): 96-113.

[96] Grewal R. , A. Chakravarty, A. Saini. Governance Mechanisms in Business-to-business Electronic Markets [J]. Journal of Marketing, 2010, 74 (4): 45-62.

[97] Grewal R. , J. M. Comer, R. Mehta. An Investigation into the Antecedents of Organizational Participation in Business-to-business Electronic Markets [J]. Journal of Marketing, 2001, 65 (3): 17-33.

[98] Gu G. Technology and Disintermediation in Online Marketplaces [EB/OL]. Wharton, 2021-03. https://mackinstitute. wharton. upenn. edu/wp-content/uploads/2021/03/Gu-Grace_ Technology-and-Disintermediation-in-Online-Marketplaces. pdf.

[99] Gu G. , F. Zhu. Trust and Disintermediation: Evidence from an Online Freelance Marketplace [J]. Management Science, 2021, 67 (2): 794-807.

[100] Guo H. , H. Xu, C. Tang, et al. Comparing the Impact of Different Marketing Capabilities: Empirical Evidence from B2B Firms in China [J].

Journal of Business Research, 2018 (93): 79-89.

[101] Gupta A., A. Kumar, R. Grewal, et al. Within-seller and Buyer-seller Network Structures and Key Account Profitability [J]. Journal of Marketing, 2019, 83 (1): 108-132.

[102] Gupta S., D. Lehmann. Managing Customers as Investments the Strategic Value of Customers in the Long Run [M]. Philadelphia: Wharton School Publishing, 2005.

[103] Gupta S., A. Leszkiewicz, V. Kumar, et al. Digital Analytics: Modeling for Insights and New Methods [J]. Journal of Interactive Marketing, 2020 (51): 26-43.

[104] Hagiu A. Pricing and Commitment by Two-sided Platforms [J]. The RAND Journal of Economics, 2006, 37 (3): 720-737.

[105] Hagiu A. Strategic Decisions for Multisided Platforms [J]. MIT Sloan Management Review, 2014, 55 (2): 71-80.

[106] Hagiu A., D. B. Yoffie. What's Your Google Strategy? [J]. Harvard Business Review, 2009, 35 (4): 74-81.

[107] Hagiu A., J. Wright. Marketplace or Reseller? [J]. Management Science, 2015, 61 (1): 184-203.

[108] Hagiu A., S. Rothman. Network Effects aren't Enough [J]. Harvard Business Review, 2016, 94 (4): 65-71.

[109] Han J. K., N. Kim, R. K. Srivastava. Market Orientation and Organizational Performance: Is Innovation a Missing Link? [J]. Journal of Marketing, 1998, 62 (4): 30-45.

[110] Hannah D. P., K. M. Eisenhardt. Bottlenecks, Cooperation, and

Competition in Nascent Ecosystems [J]. Strategic Management Journal, 2019, 40 (9): 1333-1335.

[111] Hannan M. T. , J. Freeman. The Population Ecology of Organizations [J]. American Journal of Sociology, 1977, 82 (5): 929-964.

[112] Hanssens D. M. , R. T. Rust, R. K. Srivastava. Marketing Strategy and Wall Street: Nailing Down Marketing's Impact [J]. Journal of Marketing, 2009, 73 (6): 115-118.

[113] Harmeling C. M. , J. W. Moffett, M. J. Arnold, et al. Toward a Theory of Customer Engagement Marketing [J]. Journal of the Academy of Marketing Science, 2017, 45 (3): 312-335.

[114] Hawlitschek F. , B. Notheisen, T. Teubner. The Limits of Trust-free Systems: A Literature Review on Blockchain Technology and Trust in the Sharing Economy [J]. Electronic Commerce Research and Applications, 2018 (29): 50-63.

[115] Hałaburda H. , Y. Yehezkel. The Role of Coordination Bias in Platform Competition [J]. Journal of Economics & Management Strategy, 2016, 25 (2): 274-312.

[116] Heide J. B. , G. John. Alliances in Industrial Purchasing: The Determinants of Joint Action in Buyer-supplier Relationships [J]. Journal of Marketing Research, 1990, 27 (1): 24-36.

[117] Heide J. B. , A. S. Miner. The Shadow of the Future: Effects of Anticipated Interaction and Frequency of Contact on Buyer-seller Cooperation [J]. Journal of Marketing Research, 1992 (35): 265-291.

[118] Herhausen D. , S. Ludwig, D. Grewal, et al. Detecting, Preven-

ting, and Mitigating Online Firestorms in Brand Communities [J]. Journal of Marketing, 2019, 83 (3): 1-21.

[119] Hoehle H., J. A. Aloysius, S. Goodarzi, et al. A Nomological Network of Customers' Privacy Perceptions: Linking Artifact Design to Shopping Efficiency [J]. European Journal of Information Systems, 2019, 28 (1): 91-113.

[120] Hofstede G., G. J. Hofstede, M. Minkov. Cultures and Organizations: Software of the Mind [M]. New York: McGraw-Hill, 2010.

[121] Homburg C., M. Theel, S. Hohenberg. Marketing Excellence: Nature, Measurement, and Investor Valuations [J]. Journal of Marketing, 2020, 84 (4): 1-22.

[122] Hong W., F. K. Y. Chan, J. Y. L. Thong. Drivers and Inhibitors of Internet Privacy Concern: A Multidimensional Development Theory Perspective [J]. Journal of Business Ethics, 2021, 168 (3): 539-564.

[123] Hooley G. J., G. E. Greenley, J. W. Cadogan, et al. The Performance Impact of Marketing Resources [J]. Journal of Business Research, 2005, 58 (1): 18-27.

[124] Hoyer W. D., M. Kroschke, B. Schmitt, et al. Transforming the Customer Experience through New Technologies [J]. Journal of Interactive Marketing, 2020 (51): 57-71.

[125] Huang M. H., R. T. Rust. Artificial Intelligence in Service [J]. Journal of Service Research, 2018, 21 (2): 155-172.

[126] Hult G. T. M., F. V. Morgeson. Marketing's Value Propositions: A Focus on Exit, Voice, and Loyalty [J]. AMS Review, 2020, 10 (3):

185-188.

[127] Jackson B. B. Build Customer Relationships That Last [J]. Harvard Business Review, 1985, 63 (6): 120-128.

[128] Jap S. D. , E. Anderson. Testing a Life-cycle Theory of Cooperative Interorganizational Relationships: Movement across Stages and Performance [J]. Management Science, 2007, 53 (2): 260-275.

[129] Jap S. D. , S. Ganesan. Control Mechanisms and the Relationship Life Cycle: Implications for Safeguarding Specific Investments and Developing Commitment [J]. Journal of Marketing Research, 2000, 37 (2): 227-245.

[130] Jaworski B. , A. K. Kohli. Market Orientation: Antecedents and Consequences [J]. Journal of Marketing, 1993, 57 (3): 53-70.

[131] Jiang B. , K. Jerath, K. Srinivasan. Firm Strategies in the "Mid Tail" of Platform-based Retailing [J]. Marketing Science, 2011, 30 (5): 757-775.

[132] Jones C. , W. S. Hesterly, S. P. Borgatti. A General Theory of Network Governance: Exchange Conditions and Social Mechanisms [J]. The Academy of Management Review, 1997, 22 (4): 911-945.

[133] Joshi A. W. , S. Sharma. Customer Knowledge Development: Antecedents and Impact on New Product Performance [J]. Journal of Marketing, 2004, 68 (4): 47-59.

[134] Kaartemo V. , A. Nyström. Emerging Technology as a Platform for Market Shaping and Innovation [J]. Journal of Business Research, 2021 (124): 458-468.

[135] Kalaignanam K. , K. R. Tuli, T. Kushwaha, et al. Marketing

Agility: The Concept, Antecedents and a Research Agenda [J]. Journal of Marketing, 2021, 85 (1): 35-58.

[136] Kambil A., E. Van Heck. Making Markets: How Firms Can Design and Profit from Online Auctions and Exchanges [M]. Boston: Harvard Business School Press, 2002.

[137] Kang J., Z. Diao, M. T. Zanini. Business-to-business Marketing Responses to COVID-19 Crisis: A Business Process Perspective [J]. Marketing Intelligence & Planning, 2021, 39 (3): 454-468.

[138] Kannan P. K., H. Li. Digital Marketing: A Framework, Review and Research Agenda [J]. International Journal of Research in Marketing, 2017, 34 (1): 22-45.

[139] Kanuri V. K., M. K. Mantrala, E. Thorson. Optimizing a Menu of Multiformat Subscription Plans for Ad-supported Media Platforms [J]. Journal of Marketing, 2017, 81 (2): 45-63.

[140] Katz M. L., C. Shapiro. Network Externalities, Competition, and Compatibility [J]. American Economic Review, 1985, 75 (3): 424-440.

[141] Kopalle P. K., V. Kumar, M. Subramaniam. How Legacy Firms Can Embrace the Digital Ecosystem via Digital Customer Orientation [J]. Journal of the Academy of Marketing Science, 2020, 48 (1): 114-131.

[142] Kotler P., H. Kartajaya, I. Setiawan. Marketing 5.0: Technology for Humanity [M]. Hoboken: Wiley, 2021.

[143] Kozlenkova I. V., R. W. Palmatier, E. Fang, et al. Online Relationship Formation [J]. Journal of Marketing, 2017, 81 (3): 21-40.

[144] Kretschmer T., P. Khashabi. Digital Transformation and Organiza-

tion Design: An Integrated Approach [J]. California Management Review, 2020, 62 (4): 86-104.

[145] Krishen A. S. , R. L. Raschke, A. G. Close, et al. A Power-responsibility Equilibrium Framework for Fairness: Understanding Consumers' Implicit Privacy Concerns for Location-based Services [J]. Journal of Business Research, 2017 (73): 20-29.

[146] Krush M. T. , R. S. Sohi, A. Saini. Dispersion of Marketing Capabilities: Impact on Marketing's Influence and Business Unit Outcomes [J]. Journal of the Academy of Marketing Science, 2015, 43 (1): 32-51.

[147] Kude T. , J. Dibbern, A. Heinzl. Why Do Complementors Participate? An Analysis of Partnership Networks in the Enterprise Software Industry [J]. IEEE Transactions on Engineering Management, 2012, 59 (2): 250-265.

[148] Kumar N. , R. Ruan. On Manufacturers Complementing the Traditional Retail Channel with a Direct Online Channel [J]. Quantitative Marketing and Economics, 2006, 4 (3): 289-323.

[149] Kumar A. , J. B. Heide, K. H. Wathne. Performance Implications of Mismatched Governance Regimes across External and Internal Relationships [J]. Journal of Marketing, 2011, 75 (2): 1-17.

[150] Kumar N. , D. Venugopal, L. Qiu, et al. Detecting Review Manipulation on Online Platforms with Hierarchical Supervised Learning [J]. Journal of Management Information Systems, 2018, 35 (1): 350-380.

[151] Kumar V. , A. Dixit, R. R. G. Javalgi, et al. Research Framework, Strategies, and Applications of Intelligent Agent Technologies (IATS) in

Marketing [J]. Journal of the Academy of Marketing Science, 2016, 44 (1): 24-45.

[152] Kumar V. , B. Rajan, R. Venkatesan, et al. Understanding the Role of Artificial Intelligence in Personalized Engagement Marketing [J]. California Management Review, 2019, 61 (4): 135-155.

[153] Kumar V. , D. Ramachandran, B. Kumar. Influence of New-age Technologies on Marketing: A Research Agenda [J]. Journal of Business Research, 2021 (125): 864-877.

[154] Kumar V. , E. Jones, R. Venkatesan, et al. Is Market Orientation a Source of Sustainable Competitive Advantage or Simply the Cost of Competing? [J]. Journal of Marketing, 2011, 75 (1): 16-30.

[155] Kumar V. , L. Aksoy, B. Donkers, et al. Undervalued or Overvalued Customers: Capturing Total Customer Engagement Value [J]. Journal of Service Research, 2010, 13 (3): 297-310.

[156] Lambert D. M. Supply Chain Management: Processes, Partnership, Performance [M]. Sarasota, FL: Supply Chain Management Institute, 2008.

[157] Lambrecht A. , C. Tucker. Algorithmic Bias? An Empirical Study of Apparent Gender-based Discrimination in the Display of STEM Career Ads [J]. Management Science, 2019, 65 (7): 2966-2981.

[158] Laursen K. , A. Salter. Open for Innovation: The Role of Openness in Explaining Innovation Performance among U. K. Manufacturing Firms [J]. Strategic Management Journal, 2006, 27 (2): 131-150.

[159] Lee J. Y. , I. V. Kozlenkova, R. W. Palmatier. Structural Mar-

keting: Using Organizational Structure to Achieve Marketing Objectives [J]. Journal of the Academy of Marketing Science, 2015, 43 (1): 73-99.

[160] Lee L., C. I. Tsai. How Price Promotions Influence Postpurchase Consumption Experience over Time [J]. Journal of Consumer Research, 2014, 40 (5): 943-959.

[161] Lee Y. W., D. M. Strong, B. K. Kahn, et al. AIMQ: A Methodology for Information Quality Assessment [J]. Information & Management, 2002, 40 (2): 133-146.

[162] Li J., A. Abbasi, A. Cheema, et al. Path to Purpose? How Online Customer Journeys Differ for Hedonic Versus Utilitarian Purchases [J]. Journal of Marketing, 2020, 84 (4): 127-146.

[163] Li Z., T. Pénard. The Role of Quantitative and Qualitative Network Effects in B2B Platform Competition [J]. Managerial and Decision Economics, 2014, 35 (1): 1-19.

[164] Libai B., Y. Bart, S. Gensler, et al. Brave New World? On AI and the Management of Customer Relationships [J]. Journal of Interactive Marketing, 2020 (51): 44-56.

[165] Lin H. M., H. C. Huang, C. P. Lin, et al. How to Manage Strategic Alliances in OEM-based Industrial Clusters: Network Embeddedness and Formal Governance Mechanisms [J]. Industrial Marketing Management, 2012, 41 (3): 449-459.

[166] Luo X., M. Qin, Z. Fang, et al. Artificial Intelligence Coaches for Sales Agents: Caveats and Solutions [J]. Journal of Marketing, 2021, 85 (2): 14-32.

［167］Luo X., S. Tong, Z. Fang, et al. Machines vs. Humans: The Impact of Artificial Intelligence Chatbot Disclosure on Customer Purchases ［J］. Marketing Science, 2019, 38 (6): 937-947.

［168］Lusch R. F., J. R. Brown. Interdependency, Contracting and Relational Behavior in Market Channels ［J］. Journal of Marketing, 1996, 60 (4): 19-38.

［169］Lwin M. O., J. Wirtz, A. J. S. Stanaland. The Privacy Dyad: Antecedents of Promotion-and Prevention-focused Online Privacy Behaviors and the Mediating Role of Trust and Privacy Concern ［J］. Internet Research, 2016, 26 (4): 919-941.

［170］Ma L., B. Sun. Machine Learning and AI in Marketing-connecting Computing Power to Human Insights ［J］. International Journal of Research in Marketing, 2020, 37 (3): 481-504.

［171］Makarius E. E., D. Mukherjee, J. D. Fox, et al. Rising with the Machines: A Sociotechnical Framework for Bringing Artificial Intelligence into the Organization ［J］. Journal of Business Research, 2020 (120): 262-273.

［172］Malhotra N. K., S. S. Kim, J. Agaral. Internet Users' Information Privacy Concerns (IUIPC): The Construct, the Scale, and a Causal Model ［J］. Information Systems Research, 2004, 15 (4): 336-355.

［173］Malthouse E. C., Y. K. Hessary, K. A. Vakeel, et al. An Algorithm for Allocating Sponsored Recommendations and Content: Unifying Programmatic Advertising and Recommender Systems ［J］. Journal of Advertising, 2019, 48 (4): 366-379.

［174］Markos E., G. R. Milne, J. W. Peltier. Information Sensitivity and

Willingness to Provide Continua: A Comparative Privacy Study of the United States and Brazil [J]. Journal of Public Policy & Marketing, 2017, 36 (1): 79-96.

[175] Martin K. D. , J. J. Kim, R. W. Palmatier, et al. Data Privacy in Retail [J]. Journal of Retailing, 2020, 96 (4): 449-457.

[176] Mcintyre D. , A. Srinivasan. Networks, Platforms, Strategy: Emerging Views and Next Steps [J]. Strategic Management Journal, 2017, 38 (1): 141-160.

[177] Meire M. , K. Hewett, M. Ballings, et al. The Role of Marketer-generated Content in Customer Engagement Marketing [J]. Journal of Marketing, 2019, 83 (6): 21-42.

[178] Mela C. F. , S. Gupta, D. R. Lehmann. The Long-term Impact of Promotion and Advertising on Consumer Brand Choice [J]. Journal of Marketing Research, 1997, 34 (2): 248-261.

[179] Mende M. , M. L. Scott, J. Van Doorn, et al. Service Robots Rising: How Humanoid Robots Influence Service Experiences and Elicit Compensatory Consumer Responses [J]. Journal of Marketing Research, 2019, 56 (4): 535-556.

[180] Moliterno T. P. , D. M. Mahony. Network Theory of Organization: A Multilevel Approach [J]. Journal of Management, 2011, 37 (2): 443-467.

[181] Moore J. F. Predators and Prey: The New Ecology of Competition [J]. Harvard Business Review, 1993, 71 (3): 75-86.

[182] Moorman C. , G. S. Day. Organizing for Marketing Excellence [J]. Journal of Marketing, 2016, 80 (6): 6-35.

[183] Morath F., J. Münster. Online Shopping and Platform Design with Ex Ante Registration Requirements [J]. Management Science, 2018, 64 (1): 360-380.

[184] Moraux-Saurel H., P. Volle. Le concept d'Open Marketing: Identification des Contours, des Dimensions et des Formes [J]. Revue Française de Gestion, 2015, 41 (252): 13-32.

[185] Mothersbaugh D. L., W. K. Foxx II, S. E. Beatty, et al. Disclosure Antecedents in an Online Service Context: The Role of Sensitivity of Information [J]. Journal of Service Research, 2012, 15 (1): 76-98.

[186] Mäekinen S. J., J. Kanniainen, I. Peltola. Investigating Adoption of Free Beta Applications in a Platform-based Business Ecosystem [J]. Journal of Product Innovation Management, 2014, 31 (3): 451-465.

[187] Möller K., S. Nenonen, K. Storbacka. Networks, Ecosystems, Fields, Market Systems? Making Sense of the Business Environment [J]. Industrial Marketing Management, 2020 (90): 380-399.

[188] Nambisan S., R. A. Baron. On the Costs of Digital Entrepreneurship: Role Conflict, Stress, and Venture Performance in Digital Platform-based Ecosystems [J]. Journal of Business Research, 2021 (125): 520-532.

[189] Ng I. C. L., S. Y. L. Wakenshaw. The Internet-of-Things: Review and Research Directions [J]. International Journal of Research in Marketing, 2017, 34 (1): 3-21.

[190] Oghazi P., R. Schultheiss, K. Chirumalla, et al. User Self-disclosure on Social Network Sites: A Cross-cultural Study on Facebook's Privacy Concepts [J]. Journal of Business Research, 2020, 112 (1): 531-540.

[191] Okazaki S. , M. Eisend, K. Plangger, et al. Understanding the Strategic Consequences of Customer Privacy Concerns: A Meta-analytic Review [J]. Journal of Retailing, 2020, 96 (4): 458-473.

[192] Ozdemir Z. , H. J. Smith, J. H. Benamati. Antecedents and Outcomes of Information Privacy Concerns in a Peer Context: An Exploratory Study [J]. European Journal of Information Systems, 2017, 26 (6): 642-660.

[193] Palmatier R. W. , M. B. Houston, R. P. Dant, et al. Relationship Velocity: Towards a Theory of Relationship Dynamics [J]. Journal of Marketing, 2013, 77 (1): 13-30.

[194] Pantano E. , G. Pizzi. Forecasting Artificial Intelligence on Online Customer Assistance: Evidence from Chatbot Patents Analysis [J]. Journal of Retailing and Consumer Services, 2020 (55): 1-9.

[195] Park C. , J. Jun, T. Lee. Consumer Characteristics and the Use of Social Networking Sites: A Comparison between Korea and the US [J]. International Marketing Review, 2015, 32 (3/4): 414-437.

[196] Parker G. , M. W. Van Alstyne, X. Jiang. Platform Ecosystems: How Developers Invert the Firm [J]. MIS Quarterly, 2017, 41 (1): 255-266.

[197] Parker G. G. , M. W. Van Alstyne, S. P. Choudary. Platform Revolution: How Networked Markets are Transforming the Economy [M]. New York: W. W. Norton, 2016.

[198] Paschen J. , J. Kietzmann, T. C. Kietzmann. Artificial Intelligence (AI) and Its Implications for Market Knowledge in B2B Marketing [J]. Journal of Business & Industrial Marketing, 2019, 34 (7): 1410-1419.

［199］Pervin N. , N. Ramasubbu, K. Dutta. Habitat Traps in Mobile Platform Ecosystems ［J］. Production & Operations Management, 2019, 28 (10): 2594-2608.

［200］Petronio S. Boundaries of Privacy: Dialectics of Disclosure ［M］. Albany: State University of New York Press, 2002.

［201］Pierce L. Big Losses in Ecosystem Niches: How Core Firm Decisions Drive Complementary Product Shakeouts ［J］. Strategic Management Journal, 2009, 30 (3): 323-347.

［202］Porter M. E. , J. E. Heppelmann. How Smart, Connected Products are Transforming Companies ［J］. Harvard Business Review, 2015, 93 (10): 96-114.

［203］Porter M. E. , J. E. Heppelmann. How Smart, Connected Products are Transforming Competition ［J］. Harvard Business Review, 2014, 92 (11): 64-88.

［204］Provan K. G. , A. Fish, J. Sydow. Interorganizational Networks at the Network Level: A Review of the Empirical Literature on Whole Networks ［J］. Journal of Management, 2007, 33 (3): 479-516.

［205］Puntoni S. , R. W. Reczek, M. Giesler, et al. Consumers and Artificial Intelligence: An Experiential Perspective ［J］. Journal of Marketing, 2021, 85 (1): 131-151.

［206］Qin X. , Jiang Z. . The Impact of AI on the Advertising Process: The Chinese Experience ［J］. Journal of Advertising, 2019, 48 (4): 338-346.

［207］Ramaswamy V. , K. Ozcan. Offerings as Digitalized Interactive Platforms: A Conceptual Framework and Implications [J]. Journal of Marketing, 2018, 82 (4): 19-31.

[208] Reeves M., H. Lotan, J. Legrand, et al. How Business Ecosystems Rise (and Often Fall) [J]. MIT Sloan Management Review, 2019, 60 (4): 1-6.

[209] Reimann C., F. Carvalho, M. Duarte. The Influence of Dynamic and Adaptive Marketing Capabilities on the Performance of Portuguese SMEs in the B2B International Market [J]. Sustainability, 2021, 13 (2): 579.

[210] Reisinger M. Platform Competition for Advertisers and Users in Media Markets [J]. International Journal of Industrial Organization, 2012, 30 (2): 243-252.

[211] Reuver M. D., E. Verschuur, F. Nikayin, et al. Collective Action for Mobile Payment Platforms: A Case Study on Collaboration Issues between Banks and Telecom Operators [J]. Electronic Commerce Research and Applications, 2015, 14 (5): 331-344.

[212] Rietveld J., M. A. Schilling, C. Bellavitis. Platform Strategy: Managing Ecosystem Value through Selective Promotion of Complements [J]. Organization Science, 2019, 30 (6): 1232-1251.

[213] Rindfleisch A., J. B. Heide. Transaction Cost Analysis: Past, Present, and Future Applications [J]. Journal of Marketing, 1997, 61 (4): 30-54.

[214] Rochet J. C., J. Tirole. Platform Competition in Two-sided Markets [J]. Journal of the European Economic Association, 2003, 1 (4): 990-1029.

[215] Rosario A. B., F. Sotgiu, K. D. Valck, et al. The Effect of Electronic Word of Mouth on Sales: A Meta-analytic Review of Platform, Product, and Metric Factors [J]. Journal of Marketing Research, 2016, 53 (3): 297-318.

[216] Rosenthal S., O. C. Wasenden, G. A. Gronnevet, et al. A Tripartite Model of Trust in Facebook: Acceptance of Information Personalization, Privacy Concern, and Privacy Literacy [J]. Media Psychology, 2020, 23 (6): 840-864.

[217] Roson R. Two-sided Markets: A Tentative Survey [J]. Review of Network Economics, 2005, 4 (2): 142-160.

[218] Roundy P. T., D. Fayard. Place-based Advantages in Entrepreneurship: How Entrepreneurial Ecosystem Coordination Reduces Transaction Costs [J]. Journal of Behavioral & Applied Management, 2020, 20 (2): 115-136.

[219] Rust R. T., P. K. Kannan, N. Peng. The Customer Economics of Internet Privacy [J]. Journal of the Academy of Marketing Science, 2002, 30 (4): 455-464.

[220] Rust R. T., T. Ambler, G. S. Carpenter, et al. Measuring Marketing Productivity: Current Knowledge and Future Directions [J]. Journal of Marketing, 2004, 68 (4): 76-89.

[221] Sarkar C., P. Kotler. Ecosystem Marketing: The Future of Competition [J/OL]. The Marketing Journal, 2019-02-21. https://www.marketingjournal.org/ecosystem-marketing-the-future-of-competition-christian-sarkar-and-philip-kotler.

[222] Schmeiss J. , K. Hoelzle, R. P. G. Tech. Designing Governance Mechanisms in Platform Ecosystems: Addressing the Paradox of Openness through Blockchain Technology [J]. California Management Review, 2019, 62 (1): 121-143.

[223] Schomakers E. M. , C. Lidynia, D. Mullmann, et al. Internet Users' Perceptions of Information Sensitivity-Insights from Germany [J]. International Journal of Information Management, 2019, 46 (1): 142-150.

[224] Shankar V. , B. L. Bayus. Network Effects and Competition: An Empirical Analysis of the Home Video Game Industry [J]. Strategic Management Journal, 2003, 24 (4): 375-384.

[225] Sheehan K. B. , M. G. Hoy. Dimensions of Privacy Concern among Online Consumers [J]. Journal of Public Policy & Marketing, 2000, 19 (1): 62-73.

[226] Shen J. , Z. Sha, Y. J. Wu. Enterprise Adaptive Marketing Capabilities and Sustainable Innovation Performance: An Opportunity-resource Integration Perspective [J]. Sustainability, 2020, 12 (2): 469.

[227] Sheth J. N. Word-of-mouth in Low-risk Innovations [J]. Journal of Advertising Research, 1971, 11 (3): 15-18.

[228] Shrestha Y. R. , V. Krishna, G. Von Krogh. Augmenting Organizational Decision-making with Deep Learning Algorithms: Principles, Promises, and Challenges [J]. Journal of Business Research, 2021 (123): 588-603.

[229] Sirmon D. G. , M. A. Hitt, R. D. Ireland, et al. Resource Orchestration to Create Competitive Advantage: Breadth, Depth, and Life Cycle Effects [J]. Journal of Management, 2011, 37 (5): 1390-1412.

［230］Sirmon D. G. , M. A. Hitt, R. D. Ireland. Managing Firm Resources in Dynamic Environments to Create Value: Looking inside the Black Box ［J］. Academy of Management Review, 2007, 32（1）: 273-292.

［231］Slepchuk A. N. , G. R. Milne, K. Swani. Overcoming Privacy Concerns in Consumers' Use of Health Information Technologies: A Justice Framework ［J］. Journal of Business Research, 2022（141）: 782-793.

［232］Smith H. J. , S. J. Milberg, S. J. Burke. Information Privacy: Measuring Individuals' Concerns about Organizational Practices ［J］. MIS Quarterly, 1996, 20（2）: 167-196.

［233］Smith H. J. , T. Dinev, H. Xu. Information Privacy Research: An Interdisciplinary Review ［J］. MIS Quarterly, 2011, 35（4）: 989-1015.

［234］Son J. Y. , S. S. Kim. Internet Users' Information Privacy-protective Responses: A Taxonomy and a Nomological Model ［J］. Mis Quarterly, 2008, 32（3）: 503-529.

［235］Song P. , L. Xue, A. Rai, et al. The Ecosystem of Software Platform: A Study of Asymmetric Cross-side Network Effects and Platform Governance ［J］. MIS Quarterly, 2018, 42（1）: 121-142.

［236］Soonsawad P. Developing a New Model for Conversion Rate Optimization: A Case Study ［J］. International Journal of Business and Management, 2013, 8（10）: 41-51.

［237］Sridhar S. , E. Fang. New Vistas for Marketing Strategy: Digital, Data-rich, and Developing Market（D3）Environments ［J］. Journal of the Academy of Marketing Science, 2019, 47（6）: 977-985.

［238］Srivastava R. K. , L. Fahey, H. K. Christensen. The Resource-based View and Marketing: The Role of Market-based Assets in Gaining Competitive Advantage [J]. Journal of Management, 2001, 27 (6): 777-802.

[239] Srivastava R. K. , T. A. Shervani, L. Fahey. Market-based Assets and Shareholder Value: A Framework for Analysis [J]. Journal of Marketing, 1998, 62 (1): 2-18.

[240] Srivastava R. K. , T. A. Shervani, L. Fahey. Marketing, Business Processes, and Shareholder Value: An Organizationally Embedded View of Marketing Activities and the Discipline of Marketing [J]. Journal of Marketing, 1999, 63 (4): 168-179.

[241] Stephen A. T. , P. P. Zubcsek, J. Goldenberg. Lower Connectivity is Better: The Effects of Network Structure on Redundancy of Ideas and Customer Innovativeness in Interdependent Ideation Tasks [J]. Journal of Marketing Research, 2016, 53 (2): 263-279.

[242] Stone E. F. , H. G. Gueutal, D. G. Gardner, et al. A Field Experiment Comparing Information-privacy Values, Beliefs, and Attitudes across Several Types of Organizations [J]. Journal of Applied Psychology, 1983, 68 (3): 459-468.

[243] Strauss B. Global Word of Mouth: Service Bashing on the Internet is a Thorny Issue [J]. Marketing Management, 1997, 6 (3): 28-30.

[244] Su Y. S. , Z. X. Zheng, J. Chen. A Multi-platform Collaboration Innovation Ecosystem: The Case of China [J]. Management Decision, 2018, 56 (1): 125-142.

[245] Suarez F. F. Battles for Technological Dominance: An Integrative Framework [J]. Research Policy, 2004, 33 (2): 271-286.

[246] Swaminathan V. , A. Sorescu, J. Steenkamp, et al. Branding in a Hyperconnected World: Refocusing Theories and Rethinking Boundaries [J]. Journal of Marketing, 2020, 84 (2): 24-46.

[247] Taillard M. , M. Kastanakis. Laying the Foundation for an Ecosystem of Creativity Marketing [C]. Marketing Dynamism & Sustainability: Things Change, Things Stay the Same, Cham: Springer International Publishing, 2015.

[248] Tan B. , S. L. Pan, X. H. Lu, et al. The Role of is Capabilities in the Development of Multi-Sided Platforms: The Digital Ecosystem Strategy of Alibaba [J]. Journal of the Association for Information Systems, 2015, 16 (4): 248-280.

[249] Tang F. , Z. Qian. Leveraging Interdependencies among Platform and Complementors in Innovation Ecosystem [J]. PLoS ONE, 2020, 15 (10): 1-20.

[250] Tellis G. J. , E. Yin, R. Niraj. Does Quality Win? Network Effects Versus Quality in High-tech Markets [J]. Journal of Marketing Research, 2009, 46 (2): 135-149.

[251] The Economist. Not So Big [J]. The Economist, 2020 (24): 5-6.

[252] Thomas J. S. A Methodology for Linking Customer Acquisition to Customer Retention [J]. Journal of Marketing Research, 2001, 38 (2): 262-268.

[253] Thomas L. D. W. , E. Autio, D. M. Gann. Architectural Leverage: Putting Platforms in Context [J]. Academy of Management Perspectives, 2014, 28 (2): 198-219.

[254] Tifferet S. Gender Differences in Privacy Tendencies on Social Net-

work Sites: A Meta-analysis [J]. Computers in Human Behavior, 2019, 93 (1): 1-12.

[255] Tiwana A., B. Konsynski, A. A. Bush. Platform Evolution: Coevolution of Platform Architecture, Governance, and Environmental Dynamics [J]. Information Systems Research, 2010, 21 (4): 675-687.

[256] Tong S., X. Luo, B. Xu. Personalized Mobile Marketing Strategies [J]. Journal of the Academy of Marketing Science, 2020, 48 (1): 64-78.

[257] Tsai J. Y., S. Egelman, L. Cranor, et al. The Effect of Online Privacy Information on Purchasing Behavior: An Experimental Study [J]. Information Systems Research, 2011, 22 (2): 254-268.

[258] Vakratsas D., X. Wang. Artificial Intelligence in Advertising Creativity [J]. Journal of Advertising, 2021, 50 (1): 39-51.

[259] Van Alstyne M. W., G. G. Parker, S. P. Choudary. Pipelines, Platforms, and the New Rules of Strategy [J]. Harvard Business Review, 2016, 94 (4): 54-62.

[260] Van Den Bulte C., S. Wuyts. Social Networks and Marketing [M]. Cambridge, MA: Marketing Science Institute, 2007.

[261] Van Esch P., Y. Cui, S. P. Jain. Stimulating or Intimidating: The Effect of AI-enabled In-store Communication on Consumer Patronage Likelihood [J]. Journal of Advertising, 2021, 50 (1): 63-80.

[262] Varadarajan R. Strategic Marketing, Marketing Strategy and Market Strategy [J]. AMS Review, 2015 (5): 78-90.

[263] Vargo S. L., R. F. Lusch. It's All B2B... and Beyond: Toward a Systems Perspective of the Market [J]. Industrial Marketing Management,

2011, 40 (2): 181-187.

[264] Vargo S. , R. Lusch. Institutions and Axioms: An Extension and Update of Service-Dominant Logic [J]. Journal of the Academy of Marketing Science, 2016, 44 (1): 5-23.

[265] Vasconcelos H. Is Exclusionary Pricing Anticompetitive in Two-sided Markets? [J]. International Journal of Industrial Organization, 2015, 40 (1): 1-10.

[266] Venkatesan R. Executing on a Customer Engagement Strategy [J]. Journal of the Academy of Marketing Science, 2017, 45 (3): 289-293.

[267] Vieira V. A. , M. I. S. De Almeida, R. Agnihotri, et al. In Pursuit of an Effective B2B Digital Marketing Strategy in an Emerging Market [J]. Journal of the Academy of Marketing Science, 2019, 47 (6): 1085-1108.

[268] Viglia G. , R. Pera, E. Bigné. The Determinants of Stakeholder Engagement in Digital Platforms [J]. Journal of Business Research, 2018, 89 (1): 404-410.

[269] Wallenburg C. M. , T. Schaffler. The Interplay of Relational Governance and Formal Control in Horizontal Alliances: A Social Contract Perspective [J]. Journal of Supply Chain Management, 2014, 50 (2): 41-58.

[270] Wang R. W. , D. M. Strong. Beyond Accuracy: What Data Quality Means to Data Consumers [J]. Journal of Management Information Systems, 1996, 12 (4): 5-34.

[271] Wang D. T. , F. F. Gu, M. C. Dong. Observer Effects of Punishment in a Distribution Network [J]. Journal of Marketing Research, 2013, 50 (5): 627-643.

［272］Wang S. , H. Cavusoglu, Z. Deng. Early Mover Advantage in E-commerce Platforms with Low Entry Barriers: The Role of Customer Relationship Management Capabilities ［J］. Information & Management, 2016, 53 (2): 197-206.

［273］Wang T. , T. D. Duong, C. C. Chen. Intention to Disclose Personal Information via Mobile Applications: A Privacy Calculus Perspective ［J］. International Journal of Information Management, 2016 (36): 531-542.

［274］Warren S. D. , L. D. Brandeis. Right to Privacy ［J］. Harvard Law Review, 1890 (4): 193.

［275］Wathne K. H. , J. B. Heide. Opportunism in Interfirm Relationships: Forms, Outcomes, and Solutions ［J］. Journal of Marketing, 2000, 64 (4): 36-51.

［276］Webster F. E. J. , E. Frederick, A. J. Malter, et al. The Decline and Dispersion of Marketing Competence ［J］. MIT Sloan Management Review, 2005, 46 (4): 35-43.

［277］Wedel M. , P. K. Kannan. Marketing Analytics for Data-rich Environments ［J］. Journal of Marketing, 2016, 80 (6): 97-121.

［278］Wedel M. , E. Bigné, J. Zhang. Virtual and Augmented Reality: Advancing Research in Consumer Marketing ［J］. International Journal of Research in Marketing, 2020, 37 (3): 443-465.

［279］Wei F. , N. Feng, S. Yang, et al. A Conceptual Framework of Two-Stage Partner Selection in Platform-based Innovation Ecosystems for Servitization ［J］. Journal of Cleaner Production, 2020 (262): 1-16.

［280］Wen W. , F. Zhu. Threat of Platform-owner Entry and Complementor Responses: Evidence from the Mobile App Market [J]. Strategic Management Journal, 2019, 40 (9): 1336-1367.

[281] Weyl E. G. A Price Theory of Multi-sided Platforms [J]. American Economic Review, 2010, 100 (4): 1642-1672.

[282] Whitler K. A., R. Krause, D. R. Lehmann. When and How Board Members with Marketing Experience Facilitate Firm Growth [J]. Journal of Marketing, 2018, 82 (5): 86-105.

[283] Wichmann J. R. K., N. Wiegand, W. J. Reinartz. The Platformization of Brands [J]. Journal of Marketing, 2022, 86 (1): 109-131.

[284] Wiegand N., S. Witt, M. Steiner, et al. Platform Adoption in Network Markets: Selecting Beneficial Partners to Achieve Market Dominance [J]. International Journal of Innovation Management, 2015, 19 (2): 1-37.

[285] Wigand T. R. Whatever Happened to Disintermediation? [J]. Electronic Markets, 2020, 30 (1): 39-47.

[286] Wirtz J., K. K. Fung So, M. A. Mody, et al. Platforms in the Peer-to-peer Sharing Economy [J]. Journal of Service Management, 2019, 30 (4): 452-483.

[287] Wood D. J. Corporate Social Performance Revisited [J]. Academy of Management Review, 1991, 16 (4): 691-718.

[288] Xu H., S. Gupta, M. B. Rosson, et al. Measuring Mobile Users' Concerns for Information Privacy [C]. The 33rd International Conference on Information Systems, 2012.

[289] Xu H., T. Dinev, J. Smith, et al. Information Privacy Concerns: Linking Individual Perceptions with Institutional Privacy Assurances [J]. Jour-

nal of the Association for Information Systems, 2011, 12 (12): 798-824.

[290] Yadav M. S. , P. A. Pavlou. Technology-enabled Interactions in Digital Environments: A Conceptual Foundation for Current and Future Research [J]. Journal of the Academy of Marketing Science, 2020, 48 (1): 132-136.

[291] Yang Z. , Y. Y. Jiang, E. Xie. Buyer-supplier Relational Strength and Buying Firm's Marketing Capability: An Outside-in Perspective [J]. Industrial Marketing Management, 2019 (82): 27-37.

[292] Yang Z. , Z. Diao, J. Kang. Customer Management in Internet-based Platform Firms: Review and Future Research Directions [J]. Marketing Intelligence & Planning, 2020, 38 (7): 957-973.

[293] Youn S. Determinants of Online Privacy Concern and Its Influence on Privacy Protection Behaviors among Young Adolescents [J]. Journal of Consumer Affairs, 2009, 43 (3): 389-418.

[294] Zeithaml V. A. Consumer Perceptions of Price Quality and Value: A Means-end Model and Synthesis of Evidence [J]. Journal of Marketing, 1988, 52 (3): 2-22.

[295] Zeng M. Alibaba and the Future of Business [J]. Harvard Business Review, 2018, 96 (5): 88-96.

[296] Zhang J. Z. , G. F. Waston IV, R. W. Palmatier, et al. Dynamic Relationship Marketing [J]. Journal of Marketing, 2016, 80 (5): 53-90.

[297] Zhang J. Z. , G. F. Watson IV. Marketing Ecosystem: An Outside-in View for Sustainable Advantage [J]. Industrial Marketing Management, 2020 (88): 287-304.

[298] Zhang Q. , W. Wang, Y. Chen. In-consumption Social Listening

with Moment-to-moment Unstructured Data: The Case of Movie Appreciation and Live Comments [J]. Marketing Science, 2020, 39 (2): 285-295.

[299] Zhou Q. K., B. J. Allen, R. T. Gretz, et al. Platform Exploitation: When Service Agents Defect with Customers from Online Service Platforms [J/OL]. Journal of Marketing, 2021. https://doi.org/10.1177/002224292 11001311.

[300] Zhu F., M. Iansiti. Entry into Platform-based Markets [J]. Journal of Strategic Management, 2012, 33 (1): 88-106.

[301] Zhu F., N. Furr. Products to Platforms: Making the Leap [J]. Harvard Business Review, 2016, 94 (4): 72-78.

[302] 白景坤, 王健, 张贞贞. 平台企业网络自组织形成机理研究——以淘宝网为例 [J]. 中国软科学, 2017, 32 (5): 171-180.

[303] 蔡莉, 彭秀青, Nambisan S., 等. 创业生态系统研究回顾与展望 [J]. 吉林大学社会科学学报, 2016, 56 (1): 5-16.

[304] 曹俊浩, 陈宏民, 石彼得. 基于双边市场理论的 B2B 垄断平台自网络外部性分类及其强度研究 [J]. 上海交通大学学报, 2010, 44 (12): 1661-1664.

[305] 曹丽, 李纯青, 高杨, 等. 积分联盟感知价值及其影响因素对客户忠诚的影响: 价格敏感度的调节作用 [J]. 管理评论, 2016, 28 (2): 103-115.

[306] 陈昌东, 江若尘. 营销领域中算法推荐与消费者响应: 研究评述与展望 [J]. 经济管理, 2021 (10): 193-208.

[307] 陈冬梅, 王俐珍, 陈安霓. 数字化与战略管理理论——回顾、挑战与展望 [J]. 管理世界, 2020 (5): 220-236.

［308］陈国青，吴刚，顾远东，等．管理决策情境下大数据驱动的研究和应用挑战——范式转变与研究方向［J］．管理科学学报，2018，21（7）：1-10.

［309］陈国青，曾大军，卫强，等．大数据环境下的决策范式转变与使能创新［J］．管理世界，2020（2）：95-105.

［310］陈娟，奚楠楠，宁昌会，等．虚拟现实营销研究综述和展望［J］．外国经济与管理，2019，41（10）：17-30.

［311］陈梅梅，刘利梅，施驰玮，等．推荐规模对个性化推荐系统用户决策的影响机制研究［J］．南开管理评论，2020，23（1）：180-188.

［312］陈涛，苏日娜，孙逊．数字人文基础设施中图像中台设计与探讨［J］．图书馆杂志，2021，40（10）：124-132+141.

［313］杜玉申，杨春辉．平台网络管理的"情境—范式"匹配模型［J］．外国经济与管理，2016，38（8）：27-45.

［314］范秀成，王静．顾客参与服务创新的激励问题——理论、实践启示及案例分析［J］．中国流通经济，2014，28（10）：79-86.

［315］冯雪飞，董大海，张瑞雪．互联网思维：中国传统企业实现商业模式创新的捷径［J］．当代经济管理，2015，37（4）：20-23.

［316］付登坡，江敏，任寅姿，等．数据中台：让数据用起来［M］．北京：机械工业出版社，2020.

［317］葛安茹，唐方成．合法性、匹配效应与创新生态系统构建［J］．科学学研究，2019，37（11）：2064-2072.

［318］葛安茹，唐方成．基于平台包络视角的平台生态系统竞争优势构建路径研究［J］．科技进步与对策，2021，38（16）：84-90.

［319］龚丽敏，江诗松．平台型商业生态系统战略管理研究前沿：视

角和对象 [J]. 外国经济与管理, 2016, 38 (6): 38-50.

[320] 桂云苗, 龚本刚, 程永宏. 双边努力情形下电子商务平台质量保证策略研究 [J]. 中国管理科学, 2018, 26 (1): 163-169.

[321] 郭兵, 李强, 段旭良, 等. 个人数据银行——一种基于银行架构的个人大数据资产管理与增值服务的新模式 [J]. 计算机学报, 2017, 40 (1): 126-143.

[322] 郭全中. 智媒体构建中的中台建设 [J]. 新闻与写作, 2019 (11): 71-75.

[323] 胡斌, 王莉丽. 物联网环境下的企业组织结构变革 [J]. 管理世界, 2020 (8): 202-232.

[324] 胡晴霞. 以顾客价值论为基础的营销心理策略 [J]. 企业改革与管理, 2016 (16): 86.

[325] 黄海霞, 陈劲. 创新生态系统的协同创新网络模式 [J]. 技术经济, 2016, 35 (8): 31-37.

[326] 简兆权, 令狐克睿, 李雷. 价值共创研究的演进与展望——从"顾客体验"到"服务生态系统"视角 [J]. 外国经济与管理, 2016, 38 (9): 3-20.

[327] 江小涓, 黄颖轩. 数字时代的市场秩序、市场监管与平台治理 [J]. 经济研究, 2021 (12): 20-41.

[328] 姜翰, 杨鑫, 金占明. 战略模式选择对企业关系治理行为影响的实证研究——从关系强度角度出发 [J]. 管理世界, 2008 (3): 115-125+164.

[329] 蒋石梅, 张玉瑶, 王自媛, 等. 非技术要素对企业创新生态系统的作用机理——以海尔创新生态系统为例 [J]. 技术经济, 2018, 37 (4):

29-36.

[330] 蒋玉石，张红宇，贾佳，等．大数据背景下行为定向广告（OBA）与消费者隐私关注问题的研究［J］．管理世界，2015（8）：182-183.

[331] 康俊，包佳鑫，江林．联合型忠诚计划研究现状与展望［J］．外国经济与管理，2019，41（4）：85-97.

[332] 康俊，刁子鹤，杨智，等．新一代信息技术对营销战略的影响：述评与展望［J］．经济管理，2021（12）：187-202.

[333] 李爱霞，舒杭，顾小清．打造教育人工智能大脑：教育数据中台技术实现路径［J］．开放教育研究，2021，27（3）：96-103.

[334] 李广乾，陶涛．电子商务平台生态化与平台治理政策［J］．管理世界，2018（6）：104-109.

[335] 李凯，李相辰．谈判势力视角下平台独占交易行为效应研究——兼论中国 B2C 市场的"二选一"与反垄断规制［J］．管理评论，2021，33（11）：238-248.

[336] 李平，彭艳妮，康俊．平台市场资产对商家忠诚的影响研究——平台竞争的调节作用［J］．管理评论，2019，31（2）：103-118.

[337] 李平，杨政银，胡华．"万联网"与多智生态系统：未来商业模式与组织架构［J］．清华管理评论，2019（3）：86-101.

[338] 李强，翁智刚，高丁卉．顾客参与能力识别：内涵、方法与策略［J］．外国经济与管理，2021，43（6）：27-42.

[339] 李维安，林润辉，范建红．网络治理研究前沿与述评［J］．南开管理评论，2014，17（5）：42-53.

[340] 李小玲，任星耀，郑煦．电子商务平台企业的卖家竞争管理与

平台绩效——基于 VAR 模型的动态分析 [J]. 南开管理评论, 2014, 17 (5): 73-82.

[341] 李允尧, 刘海运, 黄少坚. 平台经济理论研究动态 [J]. 经济学动态, 2013, 45 (7): 123-129.

[342] 李震, 王新新. 互联网商务平台生态系统构建对顾客选择模式影响研究 [J]. 上海财经大学学报, 2016, 18 (4): 67-82.

[343] 李震, 王新新. 平台内网络效应与跨平台网络效应作用机制研究 [J]. 科技进步与对策, 2016, 33 (20): 18-24.

[344] 李志刚, 杜鑫, 张敬伟. 裂变创业视角下核心企业商业生态系统重塑机理——基于"蒙牛系"创业活动的嵌入式单案例研究 [J]. 管理世界, 2020, 36 (11): 80-96.

[345] 李治文, 仲伟俊, 熊强. B2B 平台间接网络外部性维度及竞争策略分析 [J]. 系统工程学报, 2014, 29 (4): 550-559.

[346] 梁晓丹, 李颖灏, 刘芳. 在线隐私政策对消费者提供个人信息意愿的影响机制研究——信息敏感度的调节作用 [J]. 管理评论, 2018, 30 (11): 97-107.

[347] 林子筠, 吴琼琳, 才凤艳. 营销领域人工智能研究综述 [J]. 外国经济与管理, 2021, 43 (3): 89-106.

[348] 刘军, 崔琦, 袁艺玮, 等. 内部准备度视角下的组织平台化转型研究述评 [J]. 中国人力资源开发, 2021, 38 (10): 20-34.

[349] 刘善仕, 裴嘉良, 葛淳棉, 等. 在线劳动平台算法管理: 理论探索与研究展望 [J]. 管理世界, 2022 (2): 225-239.

[350] 卢俊义, 王永贵. 顾客参与服务创新与创新绩效的关系研究——基于顾客知识转移视角的理论综述与模型构建 [J]. 管理学报,

2011, 8（10）：1566-1574.

[351] 吕巍，杨颖，张雁冰．AI 个性化推荐下消费者感知个性化对其点击意愿的影响 [J]．管理科学，2020，33（5）：44-57.

[352] 裴嘉良，刘善仕，崔勋，等．零工工作者感知算法控制：概念化、测量与服务绩效影响验证 [J]．南开管理评论，2021，24（6）：14-25.

[353] 彭亚平．治理和技术如何结合？——技术治理的思想根源与研究进路 [J]．社会主义研究，2019（4）：71-78.

[354] 乔晗，张硕，李卓伦，等．去中心化电商的价值共创演化动因和过程模型——基于梦饷集团的纵向案例研究 [J]．管理评论，2021，33（11）：170-184.

[355] 青平，张莹，涂铭，等．网络意见领袖动员方式对网络集群行为参与的影响研究——基于产品伤害危机背景下的实验研究 [J]．管理世界，2016（7）：109-120.

[356] 任晓丽，刘鲁，吕成功．C2C 环境下卖家差异化策略对销量的影响——基于两阶段决策的买家购物决策分析 [J]．管理评论，2013，25（2）：88-97.

[357] 沙德春，孙佳星．创业生态系统 40 年：主体—环境要素演进视角 [J]．科学学研究，2020，38（4）：663-672.

[358] 尚晓燕，王永贵．组织市场上顾客知识体系的构成与测量——基于中国企业的实证研究 [J]．管理评论，2015，27（2）：67-76.

[359] 石先梅．互联网平台企业垄断形成机理：从数据竞争到数据租金 [J]．管理学刊，2021，34（6）：1-12.

[360] 宋晓兵，何夏楠．人工智能定价对消费者价格公平感知的影响 [J]．管理科学，2020，33（5）：3-16.

［361］孙国强．网络组织前沿领域研究脉络梳理［J］．外国经济与管理，2007（1）：19-24.

［362］孙晋．数字平台的反垄断监管［J］．中国社会科学，2021（5）：101-127.

［363］孙新波，钱雨，张明超，等．大数据驱动企业供应链敏捷性的实现机理研究［J］．管理世界，2019（9）：133-200.

［364］唐要家，傅樟洋．平台佣金征收的影响因素及剥削性滥用分析［J/OL］．［2022-04-13］．https：//kns．cnki.net/kcms/detail/21.1414.F.20211122.1737.002.html.

［365］汪鸿昌，肖静华，谢永勤．基于企业视角的云计算研究述评与未来展望［J］．外国经济与管理，2013，35（6）：13-22.

［366］汪涛，贾煜，崔朋朋，等．外交关系如何影响跨国企业海外市场绩效［J］．中国工业经济，2020（7）：80-97.

［367］汪旭晖，张其林．平台型电商企业的温室管理模式研究——基于阿里巴巴集团旗下平台型网络市场的案例［J］．中国工业经济，2016，34（11）：108-125.

［368］汪旭晖，张其林．平台型电商声誉的构建：平台企业和平台卖家价值共创视角［J］．中国工业经济，2017（11）：174-192.

［369］汪旭晖，张其林．平台型网络市场中的"柠檬问题"形成机理与治理机制——基于阿里巴巴的案例研究［J］．中国软科学，2017，32（10）：31-52.

［370］王发明，张赞．平台企业主导的创新生态系统稳定性研究：基于企业间网络关系视角［J］．科技进步与对策，2021，38（8）：26-33.

［371］王国红，黄昊．协同价值创造情境中科技新创企业的资源编排

与成长机理研究［J］. 管理学报, 2021, 18（6）: 884-894.

［372］王海龙, 田有亮, 尹鑫. 基于区块链的大数据确权方案［J］. 计算机科学, 2018, 45（2）: 15-24.

［373］王利明. 和而不同: 隐私权与个人信息的规则界分和适用［J］. 法学评论, 2021, 39（2）: 15-24.

［374］王俐, 周向红. 平台型企业参与公共服务治理的有效机制研究——以网约车为例［J］. 东北大学学报（社会科学版）, 2018, 20（6）: 601-607.

［375］王娜. 基于互联网的平台型企业商业模式创新研究述评［J］. 科技进步与对策, 2016, 33（22）: 156-160.

［376］王伟楠, 严子淳, 梅亮, 等. 基于数据资源的平台型企业演化——飞友科技的启示［J］. 经济管理, 2020, 42（6）: 96-115.

［377］吴继飞, 于洪彦, 朱翊敏, 等. 人工智能推荐对消费者采纳意愿的影响［J］. 管理科学, 2020, 33（5）: 29-43.

［378］肖红军, 李平. 平台型企业社会责任的生态化治理［J］. 管理世界, 2019（4）: 120-144.

［379］肖红军, 阳镇. 平台型企业社会责任治理: 理论分野与研究展望［J］. 西安交通大学学报（社会科学版）, 2020, 40（1）: 57-68.

［380］肖红军. 平台化履责: 企业社会责任实践新范式［J］. 经济管理, 2017（3）: 193-208.

［381］肖静华, 胡杨颂, 吴瑶. 成长品: 数据驱动的企业与用户互动创新案例研究［J］. 管理世界, 2020（3）: 183-204.

［382］肖旭, 戚聿东. 数据要素的价值属性［J］. 经济与管理研究, 2021, 42（7）: 66-75.

［383］谢家平，梁玲，龚海涛．物联网环境下面向客户价值的商业模式变革［J］．经济管理，2015，37（11）：188-199.

［384］谢治春．互联网金融创新与商业银行品牌塑造模式［J］．中国软科学，2016（6）：159-170.

［385］谢智敏，王霞，杜运周，等．创业生态系统如何促进城市创业质量——基于模糊集定性比较分析［J］．科学学与科学技术管理，2020，41（11）：68-82.

［386］邢小强，汤新慧，王珏，等．数字平台履责与共享价值创造——基于字节跳动扶贫的案例研究［J］．管理世界，2021（12）：152-175.

［387］徐蓓．数字经济时代平台反垄断规制的困局和调适［J］．商业经济研究，2022（1）：93-96.

［388］阳镇，尹西明，陈劲．新冠肺炎疫情背景下平台企业社会责任治理创新［J］．管理学报，2020，17（10）：1423-1432.

［389］杨善林，周开乐，张强，等．互联网的资源观［J］．管理科学学报，2016，19（1）：1-11.

［390］杨姝，王渊，王刊良．互联网环境中适合中国消费者的隐私关注量表研究［J］．情报杂志，2008（10）：3-7.

［391］姚凯，涂平，陈宇新，等．基于多源大数据的个性化推荐系统效果研究［J］．管理科学，2018，31（5）：3-15.

［392］尹振涛，陈媛先，徐建军．平台经济的典型特征、垄断分析与反垄断监管［EB/OL］．https：//kns.cnki.net/kcms/detail/12.1288.F.20211123.1930.002.html.

［393］张丙宜．把握好技术治理的四个原则［N］．学习时报，2018-01-01（6）.

［394］张弛．数据中台在应对突发公共事件中的核心价值研究［J］．华中科技大学学报（社会科学版），2021，35（1）：77-84．

［395］张凯，李华琛，刘维奇．双边市场中用户满意度与平台战略的选择［J］．管理科学学报，2017，20（6）：42-63．

［396］张青，华志兵．资源编排理论及其研究进展述评［J］．经济管理，2020（9）：193-208．

［397］张雁冰，吕巍，张佳宇．AI 营销研究的挑战和展望［J］．管理科学，2019，32（5）：75-86．

［398］郑帅，王海军．模块化下企业创新生态系统结构与演化机制——海尔集团 2005—2019 年的纵向案例研究［J］．科研管理，2021，42（1）：33-46．

［399］只莹莹．中台在国家图书馆的应用思考［J］．图书馆论坛，2021，41（10）：76-82．

［400］中国社会科学院工业经济研究所课题组．新工业革命背景下的世界一流管理：特征与展望［J］．经济管理，2021（6）：5-21．

［401］钟琦，杨雪帆，吴志樵．平台生态系统价值共创的研究述评［J］．系统工程理论与实践，2021，41（2）：421-430．

［402］周德良，杨雪．平台组织：产生动因与最优规模研究［J］．管理学刊，2015，28（6）：54-58．

［403］周天一，常维，陈青祝．平台竞争、排他性协议与竞争瓶颈［J］．中国管理科学，2019，27（10）：209-216．

［404］朱晓武．区块链技术驱动的商业模式创新：DIPNET 案例研究［J］．管理评论，2019，31（7）：65-74．

［405］左文明，陈华琼，张镇鹏．基于网络口碑的 B2C 电子商务服务

质量管理 [J]. 管理评论, 2018, 30 (2): 94-106.

[406] 左文明, 黄枫璇, 毕凌燕. 分享经济背景下价值共创行为的影响因素——以网约车为例 [J]. 南开管理评论, 2020, 23 (5): 183-193.

后　记

2018 年来北京邮电大学工作后，我一直在思考和探索如何在这样一所以信息科技为特色的高校里实现科研的数字化转型。三年来，新一代信息技术的商业应用已较为普及，数字经济也成为了我国经济发展的重点领域。在各项初步理论探索的基础上，本书也基本完稿。

本书在写作时参阅了我近年来与多位合作者的学术讨论和研究成果，可以说本书的完成与他们的贡献是分不开的。他们是我的导师江林教授（中国人民大学）与 Thomas G. Brashear 副教授（University of Massachusetts Amherst），以及北京邮电大学的胡春教授、宋美娜教授、刘娜副教授、司亚清副教授、王颂副教授、白婷博士、苏欣博士、王琳博士，湖南大学的杨智教授、李平副教授、万炜副教授、陈思行副教授，中国移动研究院的颜红燕首席专家、李稳主任研究员、石雪梅研究员，Quinnipiac University 的 Anthony K. Asare 副教授。与我合作的博士研究生刁子鹤、苏彩云、兰静怡，硕士研究生王慧敏、马开伟、李媛媛、刘小波、叶珊珊、黄珊、范佳慧（北京邮电大学）参与了部分研究工作，他们对学术的洞察与行业经验也充实到了本书之中。本书的部分研究得到了我所承担的国家自然科学基金项目（71772059）、北京市社会科学基金项目（21GLC065）以及北京邮电大学基本科研费项目（2019RC46）的支持。此外，本书的出版还得到了何瑛教授（北京邮电大学）以及经济管理出版社韩峰编辑和郭飞编辑的指导与帮助，在此一并表示感谢。

　　本书尝试对新一代信息技术背景下若干营销战略理论与实践问题进行探讨，由于新一代信息技术的营销应用仍在不断发展中，所以本书只是该领域的一次初步探索。随着实践的推进，书中的部分观点难免失之偏颇或不合时宜，我将持续关注此领域的理论与实践进展，也期待与您共同就此领域的新观点、新理论、新实践进行探讨。

康　俊

2022 年 3 月